JÖRG POTTKÄMPER

- 16. November 1944 -
ALS DAS FEUER VOM HIMMEL FIEL

Jörg Pottkämper

– 16. NOVEMBER 1944 –
ALS DAS FEUER VOM HIMMEL FIEL

Roman

Verlag Mainz · Aachen

Die Deutsche Bibliothek - CIP - Einheitsaufnahme

Pottkämper, Jörg:
- 16. November 1944 - Als das Feuer vom Himmel fiel
Die Zerstörung der Städte Düren, Jülich und Heinsberg aus Sicht der Alliierten
Aachen: Mainz 1994
ISBN 3-930085-79-8

1. Auflage 1994
© Verlag Mainz, Aachen
Herstellung: Fotodruck Mainz GmbH, Aachen

ISBN 3-930085-79-8

Vorwort

Einer der schlimmsten Bombenangriffe im 2. Weltkrieg geschah am 16. November 1944 auf die Städte Düren, Jülich und Heinsberg.

Im Zuge der von den damaligen Alliierten unter dem Decknamen "Operation Queen" geführten Offensive, die zum Ziel hatte, innerhalb weniger Tage von der Westgrenze bis zum Rhein vorzustoßen, sollten zunächst die vorgenannten Städte dem Erdboden gleichgemacht werden.

So starteten denn am 16. November 1944 gegen 13 Uhr etwa 1200 Bomber der Royal Air Force mit ihrer tödlichen Fracht von den englischen Flughäfen, um am gleichen Tag die Städte Düren, Jülich und Heinsberg anzugreifen und zu zerstören.

Welch furchtbares Inferno wenige Stunden später vor allem über Düren hereinbrach, ist u.a. in mehreren Veröffentlichungen von Alexander Mainz aus Aachen dokumentiert worden.

Nicht nur, daß eine ganze Stadt in Schutt und Asche sank, sondern vor allem die vielen Tausend Toten, die auf grauenvolle Weise dabei umkamen, können niemals vergessen werden.

Diejenigen, die nicht von den über 5000 herabfallenden Sprengbomben zerfetzt wurden, mußten einen noch schlimmeren Tod in der danach entfachten Feuersbrunst erleiden, die mehr als 150 000 Brandbomben verursacht hatten. Ebenso qualvoll starben auch die vielen Verschütteten, die nicht mehr befreit werden konnten.

Genauso wie Düren wurde auch Jülich in eine Kraterwüste verwandelt, doch da die Einwohner kurz vorher evakuiert worden waren, kamen dort im Gegensatz zu Düren nur relativ wenige Menschen ums Leben.

Neben Düren und Jülich erlitt auch die Stadt Heinsberg durch den Bombenangriff schwerste Verwüstungen.

Jörg Pottkämper, gebürtiger Dürener, schildert die generalstabsmäßige Planung und Durchführung der "Operation Queen" mit größtem Bemühen um Authentizität, gestützt auf Dokumente aus britischen und amerikanischen Archiven und Aussagen ehemaliger Besatzungsmitglieder.

Heute, fünf Jahrzehnte danach, haben auch die Bomberpiloten von damals längst aufrichtig bedauert, daß sie im Glauben, nur so sei der Krieg schnellstmöglich zu beenden, dem Befehl ihrer Vorgesetzten folgen mußten, der da hieß: zerstören, anzünden, umpflügen.

Verlag Mainz

Zu diesem Buch

Der von der Hitler-Diktatur entfesselte Zweite Weltkrieg hat ein zuvor nie gekanntes Ausmaß an Leid und Zerstörung gebracht. Gerade hier in Europa sind viele Städte und Dörfer in Schutt und Asche gesunken. Ortschaften, die bis dahin regionale Bedeutung hatten, rückten für einige Momente in das Licht von Militär- und Weltpolitik.

Dieses Schicksal traf auch Düren. Am 16. November 1944 erschien eine Bomberarmada über der Stadt und warf ihre tödliche Fracht ab. Als der letzte Bomber abdrehte, war von dem schönen alten Stadtbild, für das Düren überregional bekannt war, so gut wie nichts mehr geblieben. Das gleiche Schicksal traf am gleichen Tag die Nachbarstadt Jülich und die Stadt Heinsberg. Schätzungen über die Zahl derer, die bei diesem Angriff in Düren ihr Leben verloren oder an den erlittenen Verletzungen in den folgenden Tagen und Wochen starben, schwanken zwischen 2.500 und über 10.000. Noch Jahrzehnte nach dem Angriff wurden und werden nicht explodierte Bomben in den Stadtgebieten gefunden.

Was aber führte zu dieser Katastrophe? Warum wurde, ein knappes halbes Jahr vor Ende des Krieges, Düren nahezu ausradiert? Wer die heimatbezogene Literatur analysiert, findet meist nur wenige Zeilen, die sich zudem sehr stark ähneln. Eine Ausnahme stellt die Beschreibung des Angriffes dar, die Baptist Palm gegeben hat. Deutlicher können wohl der Schrecken und die Angst während des knapp zwanzigminütigen Bombenhagels nicht beschrieben werden. Doch die Frage nach dem "Warum" ist bislang noch von niemandem hinreichend beantwortet worden.

Der Zufall brachte mich vor einigen Jahren während eines Museumsbesuches in England auf die Spur des Angriffes, der unter dem Decknamen "Queen" geplant und durchgeführt wurde. Im britischen Nationalarchiv begann ich gezielt nach Unterlagen zu forschen. Es war ein beklemmendes Gefühl, den Befehl in Händen zu halten, der zur Zerstörung Dürens geführt hat. Die nüchterne, sachliche Schreibweise, in der diese Dokumente abgefaßt sind, die Statistiken, sie stehen im Gegensatz zu dem, was sich vor Ort abspielte. Trotz der akribischen Dokumentation zeigte sich für den Zeitraum vom 12. bis 15. November eine Lücke in den Unterlagen.

Wer aber waren die Männer, die mit ihren Bombern Düren angeflogen hatten? Eine Anzeige in einer englischen Zeitschrift brachte mich in Kontakt mit ehemaligen Bomberbesatzungen, die sich sehr gut an diesen Einsatz erinnern konnten. Bis nach Australien reichte der nun einsetzende rege Briefwechsel. Meine Briefpartner, zum Zeitpunkt des Geschehens im Alter von 20 bis 25 Jahren, ließen mir jede Unterstützung zukommen. Sie schrieben ihre Erinnerungen nieder, übersandten mir aus ihrem Privatbesitz Fotografien und durchsuchten die Archive ihrer Staffeln nach Unterlagen. Doch auch Worte des Bedauerns und Trauer über die Opfer der Angriffe standen in ihren Briefen. Ohne die Hilfe dieser Männer wäre dieses Buch niemals geschrieben worden.

Nahezu das gesamte Material, durch das es mir gelang, die Geschehnisse zu rekonstruieren, ist bislang unveröffentlicht.

Was den Stil meines Buches anbetrifft, habe ich die romanhafte Erzählweise gewählt. Nur so, glaube ich, kann die Routine in der Planung und Durchführung eines derartigen Angriffs beschrieben werden, ebenso die Atmosphäre in den Stäben oder an Bord eines Bombers. Das gilt im gleichen Maß für die Gedanken und Gefühle der handelnden Personen.

Als Basis und Leitfaden meiner Arbeit dienten die Dokumente und Zeugenaussagen, und wo Lücken in den Unterlagen waren, habe ich diese nach bestem Wissen gefüllt. An den Stellen, an denen von mir Dokumente in den Text aufgenommen wurden, habe ich diese übersetzt und gekennzeichnet. Ausdrücklich soll darauf hingewiesen sein, daß hier weder eine wissenschaftliche Arbeit vorgelegt, noch in irgendeiner Form ein Urteil abgegeben wird. Die wissenschaftliche Wertung der Geschehnisse überlasse ich lieber den Historikern.

Fast alle handelnden Personen sind fiktiv. Sie stehen aber als Prototypen für viele Personen dieser Zeit innerhalb der Streitkräfte, was mir übrigens von seiten meiner britischen Briefpartner ausdrücklich bestätigt wurde. Einige wenige der auftretenden Personen sind allerdings historisch verbürgt, wie beispielsweise Luftmarschall Harris, Stabschef Sir Charles Portal oder Vizeluftmarschall Oxland, der als Chef des Verbindungsstabes der Royal Air Force beim Obersten Hauptquartier der Alliierten Streitkräfte eingesetzt war. Nicht verbürgt jedoch sind die ihnen von mir in den Mund gelegten Sätze.

Der Flug des Lancaster-Bombers und seiner Besatzung beruht auf Aussagen der beteiligten Piloten, Flugingenieure, Bomben- und MG-Schützen, Navigatoren und Funkern, die an dem Einsatz auf Düren beteiligt waren.

Wenn im Jahr 1994 am 16. November des Angriffes und seiner Opfer zum 50. Mal gedacht wird, so geschieht dies auch, um dem Vergessen vorzubeugen. Dem gleichen Zweck soll dieses Buch dienen: Ein Buch gegen das Vergessen, für das Verstehen und als mahnendes Gedenken an alle Opfer des Bombenkrieges.

Jörg Pottkämper
Bonn, November 1994

Teil A: DIE PLANUNG

Herbst 1944

Das sechste Jahr des Krieges hatte begonnen, und in den vergangenen fünf Jahren hatten sich die Menschen verändert. Nach anfänglichen Siegen der deutschen Wehrmacht an allen Fronten war der Krieg nun im Begriff, an seinen Ausgangspunkt Deutschland zurückzukehren und stand bereits im Westen vor den Toren des Landes.

Gleichgültig, was die Menschen in den Dörfern und Städten gerade taten, ob sie schliefen, arbeiteten, einkauften oder in der Schule saßen, immer wieder ließ das Heulen der Luftschutzsirenen ihren Puls rasen und trieb sie in die Schutzräume. Wer mutig war, der blieb draußen und blickte zum Himmel empor, an dem in diesen Wochen, ungehindert von Abfangjägern und unerreichbar für die Kanonen der Flugabwehr, die Bomber der Alliierten ihren Weg in das Landesinnere nahmen.

Die Stadt Düren war bis zur Mitte des Jahres nur gelegentlich Ziel von Bombenabwürfen gewesen, doch am 19. Juli war ein Bombenteppich auf den Grüngürtel niedergegangen. Das Fehlen von stabilen Bunkern, in denen die Bevölkerung hätte Schutz suchen können, kostete 123 Menschen das Leben. Doch nicht nur in der Stadt, auch auf dem Land war man seines Lebens nicht mehr sicher. Die erdrückende Überlegenheit der alliierten Flieger war nicht mehr zu leugnen, auch wenn der Reichsminister für Propaganda und Volksaufklärung immer wieder von Wunderwaffen faselte, die alsbald den Gegner vertreiben und den "Endsieg" bringen sollten.

Bis zur Mitte des Monats September war die Front bis Aachen herangekommen, und am 13. September entbrannte der Kampf um die Stadt. Gleichzeitig geriet das

Gebiet zwischen Köln und Aachen in den Blickwinkel der alliierten Oberbefehlshaber, denen die Stadt Düren als Knotenpunkt von Straßen und Eisenbahnlinien nicht verborgen geblieben war. Bei den Stäben der Alliierten begann der Plan einer neuen Offensive Gestalt anzunehmen. Bevor das Zentrum der deutschen Rüstungsindustrie, das Ruhrgebiet, eingekesselt und somit ausgeschaltet werden konnte, mußte das gesamte Gebiet westlich des Rheins von den Alliierten erobert werden.

Entsprechend diesem Ziel mußte Feldmarschall Montgomery mit den kanadisch-britischen Truppen über die Maas und durch den Reichswald auf Kleve und Xanten und weiter nach Süden vorstoßen. Die südliche Zangenbewegung sah vor, daß das 12. US-Armeekorps mit seiner 1. Armee entlang der Nordeifel auf Köln und mit der 9. Armee auf Düsseldorf vorstieß. In einer folgenden Offensive sollte dann der Rhein bei Wesel und bei Köln überschritten werden. Düren und Jülich lagen somit genau auf der geplanten Vormarschroute des 12.US-Armeekorps.

Dem deutschen Oberkommando West blieben die Vorbereitungen der Alliierten zu dieser Offensive nicht verborgen, und man bemühte sich, die eigenen, abgekämpften Truppen durch neue Verbände aufzufrischen und zu verstärken.

Indes griffen die amerikanischen Jagdbomber immer wieder Züge und Fahrzeugkolonnen im Raum Düren an, aber wiederholte Versuche, das Bahngelände zu bombardieren, scheiterten an den Wetterbedingungen. Jülich schließlich wurde am 29. September von 122 Bombern angeflogen, und am 6. Oktober griffen 207 Bomber die Kasernen, den Bahnhof und Munitionsdepots in Düren an. Knapp 351 Tonnen Sprengstoff fanden diesmal ihre Ziele, nachdem der Angriff am Vortag erneut wegen des schlechten Wetters abgebrochen werden mußte.

Die Piloten der US-Air Force entdeckten bei ihren Flügen immer wieder Truppenbewegungen der Deutschen und meldeten dies den Kommandeuren der US-Armee, die diese Beobachtungen immer wieder zu erklären versuchten. Die Deutschen waren auf dem Rückzug, wie sollten ihre Gegner da auf den Gedanken einer Offensive der Wehrmacht kommen?

Und dennoch: Ab Oktober 1944 plante Hitler seine große Gegenoffensive, mit der er hoffte, die Alliierten von ihrem Nachschubhafen Antwerpen abschneiden zu können. Die für das Unternehmen "Herbstnebel" herangeführten Truppen wurden aber von den Alliierten der Verstärkung der Verteidigungslinien zugerechnet, - eine Rechnung, die sich für beide Seiten als fatal herausstellen sollte. Als Schlußfolgerung ihrer Beobachtungen entschieden sich die amerikanischen Oberbefehlshaber für einen massiven Erstschlag zur Eröffnung ihres Vorstoßes an den Rhein. Um so erstaunter waren sie dann, als am 16. Dezember die deutschen Truppen in der Südeifel aktiv wurden.

Als die Offensive "Queen" der Amerikaner begann, bat der Oberbefehlshaber West Hitler vergeblich um die Freigabe von Soldaten, die für die Ardennenoffensive, wie das Unternehmen "Herbstnebel" später bezeichnet wurde, bereitstanden. Als bester Verbündeter der Deutschen erwies sich in den ersten Tagen von "Queen" das Wetter. Dichter Regen und Nebel ließen den Vormarsch der GI's buchstäblich im Schlamm steckenbleiben.

Von all dem ahnten und wußten die Menschen in den Orten entlang der Rur nichts. Ihre Hoffnung war, daß der Krieg westlich des Rheins ein baldiges Ende habe. Wozu also fortgehen, die Heimat verlassen? Es war bis jetzt noch immer gutgegangen, dank der Hilfe und des Schutzes der Dürener Stadtpatronin, der heiligen Anna.

Aus den Dörfern aber wagte sich nur, wer es nicht vermeiden konnte. Immer nach einer guten Deckung Ausschau haltend, machte man sich auf den Weg, stets mit der Bedrohung eines plötzlichen Angriffs durch die alliierten Flieger. Mit aufheulenden Motoren stürzten sie sich bis auf Baumwipfelhöhe vom Himmel herab, um auf jeden zu schießen, der sich zeigte. Die Jagdbomber vom Typ 'Thunderbolt' wurden schon bald zum Synonym für die Tiefflieger.

Donnerstag, 12. Oktober 1944

D℩ren

Aus nordwestlicher Richtung flogen etwa zwei Dutzend P-47 in fünfeinhalb Kilometern Höhe auf Düren zu. Die Thunderbolts der 373. Gruppe waren vollbetankt und munitioniert auf der Suche nach lohnenden Zielen. Zu ihren bevorzugten Objekten zählten Lokomotiven, Güterwaggons und Fahrzeuge. Bewaffnete Aufklärung wurden diese Einsätze genannt. Einige der Piloten hatten aber noch einen weiteren Auftrag zu erfüllen: Unter den Rümpfen ihrer Flugzeuge hingen Behälter, in denen sich Fotoapparate mit Spezialobjektiven befanden. Mit den Kameras sollten sie Luftaufnahmen von einigen Orten entlang der Flugroute machen, und Düren stand auch auf der Liste des Staffelführers.

Die amerikanischen Piloten fürchteten kaum eine Begegnung mit deutschen Jagdfliegern, und wenn diese doch angreifen sollten, herzlich gerne. Das letzte Mal waren vier deutsche ME109 brennend abgestürzt, aber kein Amerikaner. Blieben also nur noch die Flugabwehrgeschütze, von denen sie geradezu erhofften, daß diese sie unter Feuer nähmen. Die Geschützmannschaften mußten die P-47 mit Sicherheit gesehen haben, denn von oben konnten die Piloten jede Einzelheit am Boden klar und deutlich erkennen: Häuser, Straßen, Kirchen, Plätze und Parkanlagen. Aus der anderen Perspektive war der Blick genauso gut.

Doch die Flak schwieg, schoß nicht. Als Bedienungsmannschaften standen 16- und 17jährige Hitlerjungen an den Geschützen, begierig darauf, sich wie Soldaten zu bewähren. Die Besonnenen unter den Batterie-Chefs aber wußten, daß die Überlebenschancen fast Null waren, ließen sie das Feuer eröffnen und so ihre Stellungen enttarnen. Die bulligen Flugzeuge würden am Himmel auseinanderflitzen, auf die Erde zurasen und dann, in einer Höhe von zehn Metern, aus allen vier

Himmelsrichtungen heranjagen. Meist war danach ein zweiter Anflug überflüssig, auch wenn die P-47 nicht ihre Bordkanonen zum Einsatz brachten.

"O.k, Jungs", klang die Stimme des Staffelführers in den Kopfhörern, "Rot fünf, Sie sind dran. Rot sieben und acht, Sie bleiben dicht am Hintern von fünf". Die angesprochenen Piloten bestätigten den Auftrag, und dann scherten drei der Jagdbomber aus dem Verband aus. Eine der Maschinen flog etwas voraus, während die beiden anderen in geringem Abstand folgten. Als die drei über Düren angelangt waren, drückte der Pilot der führenden Thunderbolt den Kameraauslöser.

"Hey, ihr da unten. Lächeln, bitte, ihr werdet fotografiert", rief der Pilot in sein Funksprechgerät. Die Kamera machte Bilder von Straßen und Plätzen, Häusern und Kirchen einer Stadt, die bald nicht mehr existieren sollte. Die, die soeben aufgefordert wurden zu lächeln, hörten diese Bitte nicht, ahnten auch nichts von dem, was noch auf sie zukommen würde.

Wenige Minuten später hatten die Amerikaner den Ort überflogen, und die drei Maschinen schlossen wieder zu dem restlichen Verband auf, der ihnen während des Überfluges Schutz geboten hatte.

"Rot eins, alles klar", meldete der Pilot von 'Rot fünf'. "Verstanden", quittierte 'Rot eins' und strich den Namen DÜREN auf seiner Liste durch. "Hier Rot eins an alle: Jetzt noch Bonn und dann ab nach Hause", befahl der Staffelchef und legte sein Flugzeug in eine Linkskurve. Während die Jagdbomber Bonn anflogen, verschwand die Stadt Düren hinter ihren Heckleitwerken langsam am Horizont.

Nachdem die Flugzeuge auf ihrem Heimatflughafen gelandet waren, hatte ein Techniker die Kameras ausgebaut und in das Fotolabor gebracht, das sich in einem der Flughafengebäude befand. Dort wurden die Filme in der Dunkelkammer den Kameras entnommen und am Rand beschriftet: Datum, Uhrzeit, Staffelnummer und Objektivgröße. Dann kamen die Filmrollen in das Entwicklerbad, wurden gewässert und fixiert. Anschließend waren von den Negativen Abzüge in einer Größe von 21 Zentimetern Kantenlänge angefertigt worden.

Über diese Bilder beugte sich nun ein Fachmann der Abteilung 'Luftbildauswertung'. Dieser Offizier hatte zum Vergleich die Bilder aus dem Archiv geholt, die etwa einen Monat zuvor über der Stadt gemacht worden waren. Jetzt galt es, vor allem die Strukturen in den Bildserien zu vergleichen, die auf militärische Aktivitäten schließen ließen: Flakstellungen, Grabensysteme. Ständig machte sich der Bildauswerter auf einem Schreibblock Notizen zu dem, was er erkennen konnte. Als er seine Arbeit beendet hatte, legte er die Bildserien in Umschläge zurück, auf denen das dargestellte Objekt und das Aufnahmedatum der Serien vermerkt waren. Dann setzte er sich an seine Schreibmaschine und tippte im 'Zwei-Finger-System' einen kurzen Bericht über die Ergebnisse seiner Tätigkeit: 'Rings um das Stadtgebiet, aber auch innerhalb der bebauten Fläche sind unzweifelhaft Stellungen für leichte und schwere Flugabwehrgeschütze zu erkennen. Im direkten Vergleich der Bildserien ist ein Fortschreiten bei der Aushebung eines Grabensystems zu bemerken. Dieses System umfaßt die ganze Stadt, so daß in absehbarer Zeit ein nahezu geschlossener Ring von Gräben um die Stadt herum entstanden sein wird. Weiterhin ist anzumerken, daß eine der beiden Kasernen durch Bombentreffer schwere Schäden aufweist, während die zweite als intakt zu bezeichnen ist. Desgleichen wurden innerhalb des bebauten Areals nur geringe Anzeichen für die Zerstörung von Gebäuden und Verkehrswegen erkannt. Im Gegensatz dazu zeigt der Bahnhofsbereich deutliche Schäden im Gleissystem auf.'

Der Bericht war fertig, und der Offizier zog den Papierbogen aus der Schreibmaschine. Satz für Satz las er sein Schreiben noch einmal durch und setzte seinen Dienstgrad und Namen unter den Text. Zusammen mit den Bildern, die an diesem 12. Oktober entstanden waren, legte er den Bericht in den Kasten, der mit der Aufschrift 'Besprechung' versehen war. Damit war zwar diese Arbeit für den Luftbildauswerter abgeschlossen, aber weitere Bilder warteten auf ihn; Bilder von Ortschaften, deren Namen schwierig auszusprechen sind, wenn man der Sprache nicht mächtig ist, die in diesen Orten gesprochen wird: Heinsberg, Jülich, Erkelenz, Baal, Eschweiler, Langerwehe.

Sonntag, 5. November 1944

HAUPTQUARTIER DES BOMBERKOMMANDOS, ROYAL AIR FORCE, HIGH WYCOMBE

Wenn man etwa fünfzig Kilometer von London aus in Richtung Oxford fährt, gelangt man nach High Wycombe. Hier befand sich das Hauptquartier des Bomberkommandos der Royal Air Force.

Am Nachmittag des 5. November 1944 wurde aus dem Fernschreibraum dieses Hauptquartiers eine verschlüsselte Nachricht abgesandt. Empfänger des Schreibens war das Luftfahrtministerium im Zentrum Londons.

Der Unteroffizier, der an diesem Abend das Schreibgerät bediente, stellte seine Teetasse zur Seite, legte die unverschlüsselte Nachricht neben sein Chiffriergerät, tippte zunächst das Datum ein und begann dann, nachdem er den aktuellen Tagescode eingestellt hatte, den Text einzugeben, der als sinnlose Buchstaben und Zahlenkolonnen durch die Leitungen nach London raste:

"Vom: Vorgeschobenen Bomberkommando
Sendezeit: 051730
An: Hauptquartier des Bomberkommandos,
Luftfahrtministerium Whitehall.
Tag: 5. Oktober 1944
Laufende Nummer: Y. 684
BCA 3 5. Nov.
Die 9. Luftflotte erbittet Unterstützung bei
der Zerstörung zweier Städte, Düren WF 120460
und Jülich WF 035590, als Vorbereitung zu einer
anstehenden Offensive der 1. und 9. Armee.
Der stellvertretende Oberkommandierende stimmt zu.

Einzelheiten folgen.
Ziel des Angriffs ist die Unterbrechung von Kommunikationseinrichtungen, das Verursachen schwerer Verluste bei feindlichen Truppenkonzentrationen und die Zerstörung von Lagern und Nachschubdepots in beiden Städten innerhalb der folgenden Gebiete.
1. *Düren - Gebiet begrenzt durch - 106478-120473-129465-129455-121449-110449-121457-099468.*
2. *Jülich - Gebiet begrenzt durch - 004596-036601-045579-021573.*

Die Lager und Nachschubdepots sind hauptsächlich in der Westhälfte des Jülicher Gebietes konzentriert.
Die Durchführung der Angriffe sind zwischen der Nacht des 7./8. November und 9./10. November zu jeder Zeit akzeptabel, zu bevorzugen sind die Stunden der Dunkelheit und so nah wie möglich an die Nacht des 9./10. November.
Die 8. Luftflotte nimmt am Generalangriff am 10. November teil.
Die nächststehenden alliierten Truppen sind etwa 10 Kilometer entfernt."

Der Unteroffizier übersah allerdings den Schreibfehler, den er in der Datumsangabe gemacht hatte. Als die Arbeit beendet war, legte der Mann das Original in das Fach 'Erledigt' und widmete sich erneut seiner Teetasse.

R.A.F. Form 683. (SMALL)

SECRET.
CYPHER MESSAGE.

TOP SECRET

EMERGENCY

From:- Bomber Cmd (Advanced) TOO:- 051730A.
To:- HQBC, A.M. Whitehall.

Date: 5th Oct, 1944.
Time of Receipt: 2100
Despatch: 2212.

BCA 3 5th Nov.   Seen by C in C   Serial No. 6/11   Y. 684.

8th Air Force request assistance in destroying two towns, Duren WF 120460, and Julich WF 035590, as preliminary to forthcoming offensive by first and ninth armies. Deputy Supreme Commander concurs. Details follow. Aim of attack to disrupt communications, inflict severe casualties on enemy concentrations and destroy stores and supply dumps in each town within the following areas.

1.   Duren - area bounded by - 108478 - 120473 - 129465 - 129455 - 121449 - 110449 - 101457 - 099468.   3500 yd x 2500 yd.

2.   Julich - area bounded by - 064595 - 033601 - 045579 - 021573.   3800 x 2500 yds.

Stores and supply dumps concentrated mainly in ~~southern~~ WESTERN. half of Julich area. Attacks acceptable any time between night of 7/8th November and 9/10th November, preferable during hours of darkness, and as near night 9/10th November as possible. 8th Air Force participating in general assault on 10th November. Nearest allied troops 9,000 yards.   TOR:- 1055A.

NOTE.—In the interests of economy, both sides of this sheet should be used.

Montag, 6. November 1944

HAUPTQUARTIER DES BOMBERKOMMANDOS, ROYAL AIR FORCE, HIGH WYCOMBE

Als Offiziersanwärter Ballingate am 6. November zusammen mit seinen Kameraden zum Frühdienst in der kartographischen Abteilung antrat, lag auf seinem Schreibtisch ein Arbeitsauftrag, aus dem hervorging, daß er für die Morgenkonferenz des Stabes einige Karten vorbereiten solle. Auf diesen Karten habe er die Punkte einzuzeichnen, die irgend jemand aus dem Fernschreiben des Vortages auf den Arbeitsauftrag übertragen hatte.

Ballingate nahm den Notizzettel mit den Koordinaten und trat vor eine Karte, die die Umrisse von Europa sowie die Lage der wichtigsten Städte in den jeweiligen Ländern darstellte. Diese Karte wies als Besonderheit nicht das gängige Koordinatennetz auf, bei welchem der Grad "0" durch Greenwich lief, vielmehr handelte es sich um ein Gitternetz, welches den Namen "Nord de Guerre" trug, korrekt "Nord de Guerre Zone Grid de Plessis Spheroid". Hier suchte er zunächst das mit WF gekennzeichnete Feld und sah, daß die beiden Ortschaften Düren und Jülich zwischen Aachen und Köln, beziehungsweise Aachen und Düsseldorf lagen.

Er ging zu dem großen Kartenschrank hinüber und suchte auf den Schildern, die an den Schubladen klebten, die betreffende Region. Als er das Schild mit der Aufschrift "Germany - Lower Rhinearea" entdeckte, zog er diese Schublade auf und hielt nach kurzer Suche drei Karten in seinen Händen, auf welchen bereits das Nord de Guerre-Gitter aufgedruckt war. Bei den Karten handelte es sich um Nachdrucke deutscher Vorlagen im Maßstab 1:25000. Blatt Nummer 5004 war mit "JÜLICH" überschrieben. Das mit "DÜREN" gekennzeichnete Blatt 5104 zeigte nur die obere Hälfte der Stadt, da genau durch Düren die Grenze zweier Kartengebiete verlief. Das südliche Gebiet Dürens befand sich auf der Karte 5204 "Zülpich".

Bevor Ballingate die Lade wieder schloß, legte er einen farbigen Zettel auf den verbleibenden Kartenstoß, auf dem er die Entnahme der beiden Blätter vermerkt hatte, denn auch in einem Krieg muß Ordnung herrschen.

"Sagst Du mir die Koordinaten an?" fragte er seinen Kollegen, der ihm am Schreibtisch gegenübersaß und hielt ihm das Schreiben mit den Angaben entgegen. "Brennt es wieder einmal?" bekam Ballingate zur Antwort, während sein Kollege über den Tisch griff. "Nein, aber Du siehst aus, als könntest Du einen Wachmacher gebrauchen, und da ist Kopfarbeit das einzig Richtige", konterte der Offiziersanwärter. Dann nahm er einen Stift und ein Lineal zur Hand und begann die Zahlen, die ihm zunächst für Düren und anschließend für Jülich genannt wurden, auf den Karten in Punkte umzusetzen. Ballingate kannte weder die Stadt, noch die Namen der Straßen, in die er seine Markierungen setzte. Nur dem Ortskundigen offenbaren sich die Bedeutungen der Punkte.

Beginnend im Norden und dem Lauf des Uhrzeigers folgend, entstand für Düren ein Achteck:

Punkt 106478: Krankenhaus in Birkesdorf,
Punkt 120473: Zwischen Landeskrankenhaus und Bahnstrecke
 Düren-Jülich,
Punkt 129465: Werderstraße, Ecke Goebenplatz,
Punkt 129455: Binsfelder Straße, Höhe jüdischer Friedhof,
Punkt 121449: Straßenecke Nideggener und Zülpicher Straße,
Punkt 110449: Ecke Stadtpark und Monschauer Straße,
Punkt 121457: Gürzenicher Mühle, Molkerei und
Punkt 099468: Firma Thomas-Josef-Heimbach, Mariaweiler.

Als Ballingate das Ergebnis seiner Arbeit betrachtete, stieß er einen Pfiff aus. Sein Kollege schaute nun ebenfalls auf die Karten und nickte, während er seine

Unterlippe vorstülpte: Nahezu die gesamte Stadt befand sich innerhalb der Eckpunkte!

Der Auftrag war erfüllt, und der Offiziersanwärter brachte beide Karten in das Büro seines Gruppenleiters. Auf dem Rückweg stieg Ballingate das verführerische Aroma von frisch gebrühtem Tee in die Nase, und seine Schritte wurden schneller.

Einige Stunden später beugte sich der Marschall der Royal Air Force, Arthur Harris, über das Fernschreiben und die Karten. Der Commander-in-Chief schüttelte den Kopf: "Etwas großflächig, was unsere Vettern da bombardiert haben wollen", brummte er. "Für ein befriedigendes Ergebnis, wie es die Amerikaner fordern, können wir keinesfalls garantieren, wenn das Zielgebiet nicht verkleinert wird, Sir", sagte einer der Stabsoffiziere, "daher schlage ich die Beschränkung auf die Stadtzentren vor". - "Gut, Group Captain, teilen Sie dieses bitte den Herren bei der US-Armee heute noch schriftlich mit und bitten Sie gleichzeitig auch um Photos dieser Zielgebiete."

Somit war für Arthur Harris dieser Punkt beendet, und es waren noch einige andere wichtige Dinge zu besprechen.

Gegen Mittag klingelte beim Adjutanten des Stabes das Telefon. "Hier ist das Oberste Hauptquartier der Alliierten Streikräfte", meldete sich eine Stimme am anderen Ende der Leitung, "ich verbinde Sie mit Vizeluftmarschall Oxland, RAF". Dann knackte es in der Leitung, und der Adjutant vernahm die Stimme des Chefs vom Verbindungsstab der Royal Air Force. "Hallo?! Hier Oxland! Hören Sie?" Der Adjutant nannte seinen Namen und Rang, und schon sprach Oxland weiter: "Richten Sie bitte dem Stabschef meinen Dank für sein Schreiben aus. Ich habe es soeben in meine Hände bekommen. Der eigentliche Grund meines Anrufes aber ist, daß ich Marschall Harris noch über den gewünschten Angriffstermin in Kenntnis setzen möchte. Also seien Sie bitte so nett und notieren kurz mit." Der Adjutant nahm einen Stift zur Hand und legte sich Papier zurecht. "Fertig, Sir", meldete er sich,"sprechen Sie, Sir, aber nicht zu schnell, die Verbindung ist nicht die Beste". Oxland gab sich redlich Mühe: "Nun, die 12. US-Armeegruppe möchte den Angriff von heute ab bis zur Nacht vom 11. auf den 12. November durchgeführt haben. Haben Sie das? Gut, weiter. Wann, ist ihnen gleich, am besten aber nachts, ich wiederhole, nachts, und dann der letztgenannte Zeitpunkt, also der 11./12., da sowohl die 8., als auch die 9. US-Luftflotte am 10. gegen 14^{00}Uhr angreifen werden. Sind Sie mitgekommen?" - "Alles notiert, Sir", sagte sein Gesprächspartner, "ich werde dies sofort weiterleiten. Danke für Ihren Anruf".

Dienstag, 7. November 1944

Vorgeschobenes Hauptquartier der 9. US. Luftflotte, Frankreich

"Sergeant Tucker, hiervon brauche ich insgesamt zwölf Exemplare. Den Verteilerschlüssel habe ich hinten an das letzte Blatt geheftet." Cynthia Tucker vom Weiblichen Hilfscorps der Königlichen Luftwaffe hatte nicht gehört, daß Colonel McGuire den Raum betreten hatte, und so sah sie als erstes auf die Papiere, die sich in ihr Blickfeld schoben, dann, als sie aufschaute, erkannte sie den Colonel und nahm Haltung an. Der Chef der Einsatzplanung hatte sich höchstselbst herbeibemüht, also war diese Sache dringend und wichtig. "Wann soll das alles fertig sein, Sir?" fragte sie. "Noch heute", war die Antwort, und dann verschwand der Colonel wieder aus ihrem Büro. Sergeant Tucker machte sich an die Arbeit und spannte ein Papiersandwich, bestehend aus drei Blättern und zwei Kohlepapieren, in ihre Schreibmaschine. Dann brachte sie den Text in ein einwandfreies Format, wie es den bestehenden Vorschriften entsprach.

Sie schrieb zunächst den Kopfteil aus, und dann folgte der eigentliche Text, dessen Wortlaut kurz vorher in einer Konferenz entstanden war.

"Vorgeschobenes Hauptquartier der 9ten Luftflotte
APO 696, US Army,
7. November 1944.
<u>*Luftplan zum Unternehmen "Q"*</u>
<u>*Plan "A"*</u>
Bei einem Treffen in diesem Hauptquartier um 15.00 Uhr des heutigen Tages wurden die Pläne zum Unternehmen "Q" wie folgt revidiert: Alle früheren gegenteilig lautenden Direktiven sind aufgehoben."

Es folgten sechs Punkte, die die Rahmenbedingungen des Unternehmens absteckten. Punkt sieben bezog sich auf die Bombenladungen:

7. Die Auswahl der Bomben und Zünder liegt im Ermessen der 8. Luftflotte, der Royal Air Force und der IX. Bombardment Division (M) und wird durch die erwünschten, folgenden Resultate beeinflußt:

Im weiteren Verlauf des Textes wurden insgesamt zehn Gebiete aufgeführt, deren eigentliche Namen aus Gründen der Geheimhaltung durch Zahlen verschlüsselt wurden. Nur die Formulierungen ließen einen Schluß auf die Art des Zieles zu. So wurde bei Zielen, die sich in Feldern oder kleinen Waldgebieten befanden, als Ergebnis des Luftangriffes *"maximale Auswirkung bei Personen und Feldeinrichtungen bei minimaler Kraterbildung"*, bei Ortschaften die *"Zerstörung von Gebäuden mit deren Inhalt, von Verteidigungsanlagen, sowie die Blockade von Straßen und Kreuzungen"* gefordert. Mit der Begründung, die Ortschaften seien *"befestigtes Gebiet, in welchem Offiziere, Mannschaften und Munition untergebracht sind"*, bestehe in solchen Gebieten *"keine Beschränkung in bezug auf Kraterbildung oder Brandentstehung"*.

Aus dem Schreiben ging weiterhin hervor, welche Gebiete das Bomberkommando der Royal Air Force anfliegen sollte:

8. Die folgenden Gebiete sind zum Angriff durch das Royal Air Force Bomberkommando ausgewiesen:
a. Gebiet 3.
b. Gebiet 10.
c. In den Abbildungen nicht gezeigt, aber zum Angriff zugewiesen sind die verteidigten Ortschaften HEINSBERG, ERKELENZ und BAAL, folgend in dieser Dringlichkeit den

Gebieten 3 und 10. Objekt dieses Angriffs ist das gleiche wie für Gebiet 3 und 10.

Die abschließenden Punkte klärten noch einige Details, die lediglich die oberste Kommandoebene betrafen. Schließlich setzte Sergeant Tucker noch den Namen ihres Auftraggebers, Colonel McGuire, sowie den Verteilerschlüssel unter das Schreiben und hatte dann drei Exemplare des Besprechungsprotokolls sauber getippt vor sich liegen. Das Kopierbüro befand sich in einem anderen Gebäudeflügel, und Sergeant Tucker begab sich mit ihren Exemplaren auf die Wanderschaft. Ihr Ziel war ein großer Raum, der mit Tischreihen angefüllt war. Von gleich aussehenden, in blauen Uniformen gekleideten Frauen wurde durch die Schreibmaschinen ein Klappern produziert, welches eine Unterhaltung in normaler Lautstärke kaum zulassen wollte.

Hinter einem Tisch neben der Eingangstür hatte sich ein junger, bläßlicher Mann verschanzt, den Cynthia Tucker knapp mit "Tag, Sergeant" grüßte und dem sie die Papiere hinhielt. "Ich bringe Ihnen etwas Arbeit", versuchte sie eine Unterhaltung in Gang zu bringen. Ohne aufzublicken nahm ihr Kollege die Blätter entgegen und fragte, während er diese durchblätterte, in gelangweiltem Tonfall: "Wann und wieviele?" Unteroffizier Tucker antwortete, indem sie die Tonlage ihres Gegenübers imitierte: "Heute, zwölf Exemplare, wenn Ihr so gütig wäret." Dann drehte sie sich militärisch zackig um und lenkte ihre Schritte zurück in Richtung ihres Büros.

COPY.

HEADQUARTERS
NINTH AIR FORCE
ADVANCED

APO 696, US Army,
7 November 1944.

AIR PLAN FOR OPERATION "Q"

PLAN "A"

At a meeting at this headquarters at 1500A hours this date, plans for Operation "Q" were revised as follows: All previous directives to the contrary are rescinded.

j. <u>Area 10</u>. Destruction of buildings with their contents and defenses plus the blocking of roads and intersections. There is no restriction on cratering or incendiary effect. The entire village is a fortified area, housing officers, men and munitions.

   NOTE: Although the outlines of areas 3, 4, 5 and 10 remain as shown on the accompanying overlays, the targets are redefined as including only the built up areas included therein.

8. The following areas are requested for attack by the RAF Bomber Command:

   a. Area 3.

   b. Area 10.

   c. Not shown on the overlays, but requested for attack are the defended villages of HEINSBERG, ERKELENZ and BAAL, in that order of priority following areas 3 and 10. Objective of the attack is the same as that for areas 3 and 10. Photographs of all areas except BAAL, for use by the RAF Bomber Command, are included in the SHAEF Main (Air) set of these plans. Photo coverage of BAAL will be forwarded as soon as available. It is not desired that the effort required for areas 3 and 10 be diminished to permit an attack on HEINSBERG, ERKELENZ or BAAL.

Mittwoch, 8. November 1944

HAUPTQUARTIER DES BOMBERKOMMANDOS, ROYAL AIR FORCE, HIGH WYCOMBE

Auf der Liste der Tagesordnung standen die Angriffe, die die englischen Bomber für die US-Armee fliegen sollten, an diesem Morgen ganz oben auf der Liste. Die Morgenkonferenz im unterirdischen Besprechungsraum von High Wycombe hatte soeben begonnen, und nachdem alle Fachreferenten ihre Informationen über die Ziele und den Angriffszweck vorgetragen hatten, gab Luftmarschall Harris seinem Stab den Auftrag, einen entsprechenden Plan auszuarbeiten. Unverzüglich machten sich die Fachgruppen an die Arbeit.

Die Abteilung "Navigation" arbeitete die Flugrouten aus. Sie legten die Punkte fest, an denen der Bomberstrom seine Richtung ändern sollte, an welchem Punkt die Bombentore geöffnet und wieder geschlossen werden mußten und auf welchem Weg die Heimatbasen wieder erreicht würden. Um Verwundeten lange Wartezeiten auf medizinische Betreuung zu ersparen, wurden verkürzte Strecken für die letzte Phase des Heimfluges benannt. Beschädigte Bomber erhielten die zusätzliche Möglichkeit, Notlandeplätze in Frankreich und Südengland anzufliegen, die über extrem lange Landebahnen verfügten und auf denen erfahrene Rettungsteams bereitstanden.

Die Waffenexperten zerbrachen sich derweil den Kopf, wie man am besten den von den Amerikanern geforderten Zerstörungsgrad in kurzer Zeit erreichen konnte. Das Ziel DÜREN wurde der 1., 5. und Teilen der 8. Bombardment Group zugewiesen. Aus der Reihenfolge, in der die vierzehn Staffeln der 1. Bombardment Group über dem Ziel erscheinen sollten, resultierten die Bombenladungen, die von den jeweiligen Flugzeugen abgeworfen werden sollten. Als der Plan fertig war, ergab sich ein genaues Bild des Einsatzes und der benötigten Bombenart und

Menge: Von den 238 Bombern der 1. Bombardment Group hatten etwa 180 eine Luftmine und elf weitere Sprengbomben mitzuführen. Nachdem durch den Abwurf dieser Ladungen die Gebäude der Stadt zum Einsturz gebracht sein würden, sollten die letzten Maschinen der ersten Welle neben einer Luftmine auch Brandbomben abwerfen. In der unmittelbar folgenden zweiten Welle sollte die 5. Bombardment Group nochmals und sogar verstärkt mit Sprengbomben angreifen. Rein sachlich betrachtet lautete der Plan "Einreißen, Anzünden, Umpflügen". Wie gesagt, rein sachlich betrachtet.

Die Meteorologen unter ihrem Chef Group Captain Spence, der merkwürdigerweise stets als 'Mister Spence' angesprochen wurde, hatten wieder einmal den schwersten Teil der Planung erwischt. Wie oft zuvor sollten sie eine möglichst genaue Wettervorhersage erstellen. Da Meteorologen mehr Wissenschaftler als Hellseher sind, geschah dies unter der Verwendung von vielen "wenn" und "aber", nicht zu vergessen das beliebte "vielleicht". "Eine genaue Vorhersage können wir erst etwa 24 Stunden vor Einsatzbeginn machen, aber auch dies nur unter Vorbehalt", so die höfliche Antwort der Wetterfrösche auf die meistgestellte Frage von nervenden Besuchern. 'Am genauesten werde man über das Wetter im Zielgebiet wohl erst nach dem Einsatz informiert sein', scherzte einer der Beteiligten, und einer seiner Kameraden ergänzte, man könne ja mal bei den Deutschen anrufen und nachfragen, wie das Wetter denn da drüben so sei. Die Meteorologen hatten Humor, wenn auch ihren eigenen, doch waren sie sehr gewissenhaft, hingen doch der Erfolg des Unternehmens und die Sicherheit der Besatzungen in nicht unbedeutender Weise von einer genauen Wetterprognose ab. Gegen die tägliche Routine, die die Fähigkeit zur Improvisation zu ersticken droht, half eben manchmal ein salopper Spruch.

Die Einzelpläne der verschiedenen Abteilungen wurden in einer nachmittäglichen Besprechung zu einem Angriffsplan zusammengefaßt. Arthur Harris stimmte den Plänen zu, und so wurden diese den Hauptquartieren der einzelnen Bombardment Groups übermittelt.

Bawtry Hall

Mittwoch, 8. November 1944

HAUPTQUARTIER DER NO. 1 BOMBARDMENT GROUP, BAWTRY HALL, SÜD-YORKSHIRE

Zeitgleich war der Plan über den bevorstehenden Großangriff bei den Hauptquartieren der beteiligten Bomberflotten eingetroffen. In Bawtry Hall lag das Hauptquartier der No. 1 Bombardment Group der Royal Air Force, und der Oberkommandierende, Vizeluftmarschall Rice, hatte unverzüglich nach Erhalt und Entschlüsselung des Schreibens zur Besprechung gebeten. In höheren Offizierskreisen befiehlt man nicht, man bittet; vor allem bei der Luftwaffe.

Der Einsatzbefehl wurde Punkt für Punkt durchgesprochen und Detailfragen geklärt. Letztendlich aber lautete das Ergebnis dieser Konferenz, daß der Stab der No. 1 Bombardment Group dem Plan zustimmte.

Es war Sitte innerhalb des Bomberkommandos, daß die einzelnen Bombardment Groups die Pläne aus High Wycombe durcharbeiteten und ihre eigenen Vorschläge unterbreiten konnten. Die Männer in den nachgeordneten Dienststellen waren schließlich näher an den fliegenden Einheiten postiert, als das ferne Hauptquartier. Luftmarschall Harris hatte dessen aber ungeachtet stets die letzte und volle Entscheidungsgewalt, falls es zu Unstimmigkeiten kam.

Vizeluftmarschall Rice hatte nach der Konferenz seines Hauptquartieres Kontakt mit den Kommandierenden der anderen Bombardment Groups aufgenommen. Es war nicht das erste Mal, daß sie ein gemeinsames Ziel anzugreifen hatten, und so war denn auch jetzt schnell klar geworden, daß der Harris Plan wohl so zu akzeptieren sei.

In Swinderby, beim Stab der von Vizeluftmarschall Cochrane befehligten 5. Bombardment Group, und in Huntington, wo die "Pfadfinder" unter Vizeluftmarschall Bennett ihr Hauptquartier hatten, herrschte ebenfalls Zufriedenheit. Auch bei den anderen Bombardment Groups, No. 3 unter Vizeluftmarschall Harrison (Angriffsziel Heinsberg), No. 4 unter Vizeluftmarschall Carr und No. 6 unter Vizeluftmarschall McEwen (beider Angriffsziel war Jülich), stimmte man den Plänen zu.

Eine besondere Rolle in diesen Plänen sollte wieder die No. 8 Bombardment Group übernehmen. Die Angehörigen dieser Staffeln waren das Beste, was die Royal Air Force an Besatzungen zu bieten hatte. Die grundsätzliche Aufgabe der 8. Gruppe bestand darin, die Hauptstreitmacht über die jeweiligen Ziele zu führen und dann das Abwurfgebiet möglichst genau mit Leuchtbomben zu kennzeichnen. Unter den schwierigsten Bedingungen und immer im Feuer der gegnerischen Luftabwehr hatten sie manchen Einsatz zu dem erwarteten Erfolg geführt, und das gesamte Bomberkommando war stolz, fast auch ein wenig neidisch auf diese Flieger. Ihre Aufgabe spiegelte sich deutlich in dem Spitznamen wider, den die 8. Group wie ein Markenzeichen trug: die "Pfadfinder".

Die Wahrung von Geheimnissen hatte bei Freund und Feind einen gleich hohen Stellenwert. Galt im Deutschen Reich die Parole "Psst, Feind hört mit", so hieß es im Vereinigten Königreich "unbedachtes Reden kostet Leben." Die entstandenen Angriffspläne waren streng geheim und würden nur wenige Stunden vor ihrer Ausführung von den Befehlszentralen an die einzelnen Staffeln übermittelt werden. Der Zeitpunkt für den Angriff wurde dabei immer vom Hauptquartier des Bomberkommandos bestimmt.

Donnerstag, 9. November 1944

OBERSTES HAUPTQUARTIER DER ALLIIERTEN EXPEDITIONSSTREITKRÄFTE, PARIS (S.H.A.E.F.)

Beim S.H.A.E.F. ging Vizeluftmarschall Oxland, der Chef des Royal Air Force Verbindungsstabes, sein Schreiben an das Ministerium in London nochmals durch.

Da in der ersten Phase des Krieges die Verluste an Maschinen und Personal bei Tagesangriffen nicht mehr vertretbar gewesen waren, hatte sich das Bomberkommando der Royal Air Force auf Nachtangriffe verlegt und überließ der US-Air Force die Einsätze am Tag.

Das anstehende Unternehmen war demnach in zweierlei Hinsicht ungewöhnlich. Nicht nur, daß beide Luftwaffen gemeinschaftlich am Tag angreifen würden, die Ziele lagen allesamt in einem quadratischen Gebiet mit einer Kantenlänge von 30 Kilometern. In dem Luftraum darüber sollten die zwei- und viermotorigen Bomber ihre Manöver durchführen und präzise bombardieren. Da hierbei Probleme auftreten mußten, hatten sich die beteiligten Luftwaffen auf ein paar Mindestrichtlinien geeinigt, die Schlimmes verhüten sollten.

Die wichtigen Punkte hatte Oxland in einem Brief an seine vorgesetzte Dienststelle niedergeschrieben, den er nun halblaut noch einmal vorlas.

"Wenn die Bodentruppen zu schnell vorrücken, muß unser Angriff abgesagt werden", murmelte er vor sich hin, "daher richten wir eine direkte Leitung zwischen uns und der 9. Luftflotte ein. Wie wir mit der 8. Luftflotte verfahren werden, müssen wir also noch klären. Und damit auch wirklich nichts verpatzt wird, gehe ich selbst am Angriffstag in das Hauptquartier der Neunten". Seit gestern hatte dieses Unternehmen auch einen richtigen Decknamen: "Operation

Queen", und damit kein Unbefugter erfahren konnte, welche Ziele im Visier der Bomber erscheinen würden, hatte man die zehn Angriffspunkte, wie aus dem Konferenzprotokoll bekannt, numeriert. Der britischen Seite waren bekanntermaßen Jülich und Düren zugewiesen worden, die jetzt unter den Tarnziffern Drei und Zehn in allen Schreiben erscheinen mußten. Etwas sauer auf die Amerikaner war Vizemarschall Oxland aber schon, und sein Ärger wurde von einigen anderen hohen Offizieren des Bomberkommandos geteilt. Ursache war ein peinlicher Fehler der Partner, die doch glatt vergessen hatten, eine Kopie ihres Angriffsbefehles der Royal Air Force zu senden.

Freitag, 10. November 1944

HAUPTQUARTIER DES BOMBERKOMMANDOS, ROYAL AIR FORCE, HIGH WYCOMBE

"Wie mir scheint, haben die Amerikaner erhebliche Schwierigkeiten, ihre Offensive entsprechend ihrer eigenen Vorstellung in Gang zu bringen", bemerkte Group Captain Albernett und wies mit dem Kopf in Richtung Himmel. Der Planungsstab des Bomberkommandos hatte sich zur Spätkonferenz versammelt, und da Marschall Harris noch nicht anwesend war, standen die Offiziere in kleinen Gruppen zusammen und unterhielten sich. "Jetzt sollen unsere Bomber also erst zwischen dem Morgen des 11. und der Nacht zum 17. November losschlagen", fuhr Albernett fort.

So wie an diesem 10. November regnete es seit Tagen fast unaufhörlich, und alles, was man in die Hände nahm, schien auf seltsame Weise feucht und klamm. So auch der Aktendeckel, der, mit der Aufschrift "OPERATION QUEEN" versehen, auf dem Tisch lag, und in dem sich zwischenzeitlich einige Unterlagen angesammelt hatten. Kurz nach Mitternacht hatte Generalleutnant Doolittle, der Oberkommandierende der 8. US-Luftflotte, bei seinem Chef, General Spaatz, und bei dem britischen Bomberkommando den Angriff wegen des schlechten Wetters für den heutigen Tag abgesagt. Tatsächlich war das Wetter im westlichen Europa alles andere als schön. Im Westen, dort, wo das Unternehmen "Queen" stattfinden sollte, hatte der Dauerregen aus Wald- und Feldwegen Schlammpfade werden lassen, die einen geordneten Aufmarsch für eine Bodenoffensive massiv behinderten. Und wie soll unter diesen Verhältnissen der Nachschub an Munition und Verpflegung den vorrückenden Infanteristen folgen oder gar die Verwundeten so schnell wie möglich in ein Lazarett gebracht werden?

Der Commander-in-Chief hatte soeben das Konferenzzimmer betreten und ging nun zügig an seinen Stabsoffizieren vorbei. An seinem Tisch angelangt, blickte Arthur Harris in die Runde und nahm Platz. "Dann wollen wir wieder einmal, Gentlemen, bitte", sagte der Oberbefehlshaber und zündete sich eine Zigarette an. Die Offiziere sammelten sich um den Tisch.

"Was macht denn diese 'Queen' der Amerikaner?" wollte Harris wissen. "Sie meinen doch sicherlich die Großoffensive mit diesem Decknamen, Sir?" ließ sich eine Stimme zögerlich vernehmen. Um die Mundwinkel des Marschalls der Royal Air Force spielte ein Grinsen. "Mein lieber Wing Commander! Wir wissen zwar alle, daß sich unsere Vettern aus Übersee gerne hier bei uns aufhalten und von unseren Damen angetan sind, daß ihre Begeisterung aber so weit ginge, ihre Staatsform der unseren anzugleichen, ich glaube, da hätte nicht nur Präsident Roosevelt etwas gegen", erwiderte Arthur Harris. Nach einer Pause der allgemeinen Heiterkeit fuhr er fort: "Wie ist denn der Stand der Dinge, Group Captain Albernett? Fassen Sie doch einmal die übermittelten Unterlagen in den wichtigen Punkten zusammen." Der Genannte räusperte sich und begann dann seinen Vortrag: "Nach Verschiebung des Gesamtzeitraumes für das Unternehmen 'Queen' und der Absage für heute sieht es momentan so aus: Zugewiesen sind uns die Ziele Jülich und Düren, die als Ziele Nr. 3 und Nr.10 geführt werden. Zusätzlich werden wir eine Ortschaft namens Heinsberg bombardieren, wenn das Wetter es möglich macht." - "Da war doch noch ein viertes Ziel", unterbrach der Chef kurz. "Ja, Sir, der Ort Baal stand auch noch auf der Liste, aber da wir Düren und Jülich auf Wunsch der Amerikaner keinesfalls vernachlässigen dürfen, muß auf Baal verzichtet werden. Was den Zeitablauf betrifft, so hat uns die 9.US.-Luftflotte wissen lassen, daß wir frühestens zwei Stunden nach dem Angriff der 8.US.-Luftflotte losschlagen sollen. Spätester Zeitpunkt für uns ist die Abenddämmerung des zweiten Tages nach 'D-Day'. Die Durchführung unseres Anteils an der Offensive liegt völlig in unseren

Händen, ebenso die Anzahl und Arten der Bomben, die eingesetzt werden. Entscheidend ist, daß wir das von den Amerikanern erwünschte Resultat erzielen müssen."

Albernett ließ seine Hände mit den Unterlagen sinken und fuhr fort: "Unsere Bombardment Groups wurden folgendermaßen eingeteilt: Die 1. und die 5. werden mit Unterstützung von Teilen der Pfadfinder Ziel Nummer 'Zehn' attackieren, Ziel Nummer 'Drei' wird von der 4. und 6., ebenfalls mit Unterstützung der 8. Bombardment Group angeflogen. Die 3. Bombardment Group übernimmt Heinsberg. Da alle Groups eine hohe Zahl einsatzbereiter Maschinen gemeldet haben, werden nach letzten Berechnungen insgesamt 1188 Bomber verschiedener Typen an diesen Angriffen teilnehmen. Ich erlaube mir anzumerken, Sir, daß nach Auskunft der jeweiligen Hauptquartiere die entsprechenden Befehle zur Übermittlung an die einzelnen Staffeln bereitliegen." - "Dann haben wir ja alles in der Luft, was Flügel hat und Bomben tragen kann", bemerkte Marschall Harris, und sein Gesicht hatte einen merkbar nachdenklichen Ausdruck. 'Wieviele mögen wohl wieder zurückkommen?' ging es ihm durch den Kopf. 'Wieviele Briefe über den Absturz eines Bombers, in dem der Sohn, der Mann, der Freund geflogen war, würden wieder bei den Familien eintreffen?' Die Vorbereitungen einer solchen Offensive durfte doch den Deutschen nicht verborgen geblieben sein.

"Entschuldigung, was sagten Sie?" Harris war aus seinen Gedanken gerissen worden und schaute den Group Captain fragend an, "Sir, ich sagte, daß der Angriff für morgen früh um 9^{00} Uhr angekündigt sei, und daß es einige Unstimmigkeiten mit der 9. Luftflotte gibt. Die Meteorologen hatten für diesen Zeitpunkt gute Wetterbedingungen im Zielgebiet versprochen, wenn wir aber erst zwei Stunden später angreifen dürfen, dann sieht es schon wieder übel aus. Von Samstag mittag an bis Montag früh müßte dann erneut mit Sturmböen und Regen gerechnet werden, hat Mister Spence gesagt." Der Genannte nickte zustimmend, als der

Luftmarschall ihn anschaute. "Allerdings sehen deren amerikanische Kollegen die Wetterentwicklung viel optimistischer. Unser dienstältester Stabsoffizier in Paris wurde bereits gebeten, gegenüber den Oberbefehlshabern der 1.US.-Armee und der 9.US.-Luftflotte auf der Aufhebung der Zwei-Stunden-Sperre zu bestehen. Ich fürchte aber, daß er wenig Erfolg haben wird. Ein weiterer Punkt ist, daß die Möglichkeit besteht, daß unser Angriff von amerikanischer Seite aus abgesagt wird. Dies wird mit Sicherheit dann der Fall sein, wenn die Bodentruppen so schnell vorrücken, daß sie durch unsere Angriffe gefährdet wären." Arthur Harris nickte. "Nun, das kennen wir ja bereits: Nur kein Risiko! Wenn die Bodentruppen nicht gefährdet werden dürfen, dann sollten wir die US-Armee darauf hinweisen, daß sie ihrerseits keine Leuchtraketen verwenden sollten. Deren Farben sind nämlich identisch mit denen unserer Zielmarkierer, und welchen Schlamassel wir dabei anrichten könnten, daran wage ich gar nicht zu denken." Group Captain Albernett machte sich eine Notiz und teilte mit, daß er sich um die Klärung dieses Problems kümmern wolle. "Frischen Sie doch noch einmal mein Gedächtnis auf, Albernett, warum sollen wir dort drüben Tabula rasa machen?" wollte der Marschall wissen. Group Captain Albernett schaute erneut in seine Unterlagen und erklärte: "Der Angriff richtet sich, ich zitiere: 'gegen Kommunikationseinrichtungen und Truppenkonzentrationen des Feindes innerhalb bebauten Gebietes', und wenn ich diese folgenden Zeilen korrekt interpretiere, sollen die Bomber dafür Sorge tragen, daß die G.I.'s glühende Trümmerhaufen erobern, falls sie überhaupt in die Orte eindringen und sie nicht umgehen. Übrigens sind die beiliegenden Luftbilder sehr gut in ihrer Qualität. Im Stadtgebiet ist jedes Haus zu sehen, desgleichen Flak- und Artilleriestellungen und darüber hinaus auch zahlreiche Schützengräben". - "Nun gut, apropos Befehle: hoffentlich liegt uns bald der Befehl der Amerikaner vor. Ich habe Oxland gebeten, etwas Druck auszuüben. Wenden wir uns dem nächsten Punkt auf meiner Liste zu." Mit diesem Satz war für den Oberbefehlshaber der

Bomber das Thema "Queen" für den heutigen Tag beendet. Es sollte aber noch bis zum Sonntag dauern, ehe der Befehl Nummer 325 bei dem Hauptquartier des britischen Bomberkommandos eintreffen würde.

Nach Abschluß der Konferenz stand einigen der Beteiligten noch ein langer Abend bevor. Wenn innerhalb der nächsten 24 Stunden die Großoffensive rollen sollte, mußten einige Details noch zwingend abgeklärt werden. Zu den Betroffenen zählte auch Group Captain Albernett. An seinen Schreibtisch zurückgekehrt, nahm er telefonisch Verbindung mit dem Obersten Hauptquartier der Alliierten Expeditionsstreitkräfte, zweckmäßigerweise auf die Anfangsbuchstaben "S.H.A.E.F." gekürzt, auf. Als die Verbindung stand, verlangte Albernett den diensthabenden Offizier vom Einsatz zu sprechen. "Hallo, First Lieutenant Jackson hier, was kann ich für Sie tun, mein Bester?" klang in unverwechselbarem Texasdialekt die Stimme aus dem Hörer. Albernett verzog sein Gesicht, als hätte er in eine Zitrone gebissen, doch er faßte sich schnell wieder. "Ich rufe Sie wegen der Sicherheitsanweisungen an, die an unseren Geheimdienstoffizier Parsons übermittelt wurden", erklärte er seinem Gegenüber. "Welche Sicherheitsvorgedingse? Was oder wen meinen Sie?" war die etwas erstaunte Antwort. Albernett sprach betont langsam weiter: "Ich beziehe mich auf Operation 'Queen' und die damit verbundenen Maßnahmen Ihrer Armee, wie beispielsweise Flakexplosionen, Sperrballons oder die weißen und leuchtenden Tafeln, die in dem mir vorliegenden Schreiben erwähnt werden. Da unsere Bomber ihre Ziele in ziemlich niedriger Höhe anfliegen werden, fürchten wir, daß Ihre Flak den Besatzungen dabei Probleme bereiten könnten. Und sicher möchten Sie auch nicht, daß eine US.-Flak einen britischen Bomber vom Himmel holt, oder?" - "O.K, O.K, Group Captain", entgegnete Officer Jackson, "ich habe verstanden und werde mich einmal schlau machen, und dann rufe ich Sie zurück". Albernett mußte einige Zeit warten, bis sein Telefon schrillte und die fast vertraute Stimme des First Lieutenant aus Texas an sein Ohr drang: "Also, mein Lieber, passen Sie mal auf. Dieser ganze Klimbim gilt nur für unsere Schweren Kisten von der Achten. Wenn die den Jerries den Stall vollgeworfen haben und Ihr dran seit, brauchen Eure Jungs nicht mehr darauf zu achten." Erneut biß Albernett in eine Zitrone, doch dankte er jenem Jackson aus Texas so freundlich er nur konnte und wählte eine andere Nummer. "Parsons!" - "Major Parsons, hier Group Captain Albernett. Ich habe gerade mit dem S.H.A.E.F. gesprochen bezüglich Ihres Telefonates mit unserem Verbindungsoffizier bei den Jagdfliegern." - "Ja, ich erinnere mich", sagte der Geheimdienstoffizier, "und haben Sie neue Erkenntnisse?" - "Nun, um es kurz zu machen, kann ich Ihnen mitteilen, daß die genannten Maßnahmen allesamt nur für die 8.US.-Luftflotte bestimmt sind. Wir brauchen uns nicht darum zu kümmern, da unsere Ziele weiter im Hinterland liegen. Ich darf Sie aber bitten, unsere Bombardment Groups davor zu warnen, daß speziell die Tafeln noch sichtbar sein werden, falls wir kurz nach den Amerikanern angreifen." - "Das geht in Ordnung, ich werde Ihre Informationen unverzüglich weiterleiten", erwiderte der Major, "danke für Ihren Anruf".

Kurz nach 23^{00} Uhr schrillte nochmals das Telefon. "Group Captain Albernett, Planungsstab", meldete sich Albernett. "Guten Abend, William, hier De Bouley", erklang eine etwas müde Stimme. "Ich wollte Dir einige Koordinaten durchgeben." Albernett nahm einen Stift und notierte die acht vierstelligen Ziffern, die ihm der Kollege nannte. "Westlich dieser Linie werden sich die alliierten Truppen befinden. Und von Punkt K.7572 aus sollte die Bombenlinie in Richtung Nord-West verlaufen", schloß De Bouley. Albernett dankte seinem Gesprächspartner. Mit Group Captain De Bouley, der im vorgeschobenen Hauptquartier stationiert war, hatte er oft zu telefonieren. Im Laufe der Zeit war dabei ein etwas gelockerter Umgang miteinander entstanden. Kaum hatte Albernett den Hörer aus der Hand gelegt, da klingelte es erneut. Der Group Captain hörte aufmerksam zu und notierte mit. Als er dann den Hörer wieder auf die Gabel des Telefons zurücklegte, schüttelte er leicht resigniert seinen Kopf und las noch einmal die Meldung durch: "Unternehmen 'Queen' wird nicht, wiederhole, nicht am 11. November durchgeführt", lautete deren Text.

Wieder sorgte das Telefon für eine schnelle Weitergabe von Informationen, da Albernett nun seinerseits Group Captain De Bouley anrief, um ihm den Inhalt der Eilmeldung mitzuteilen und ihn zu bitten, er möge mit Mr. Jackson abklären, welche Bodenzeichen aller Voraussicht nach bei dem Angriff der Royal Air Force noch zu sehen sein würden. Anschließend diskutierten die beiden Offiziere den Einsatzbefehl Nummer 325, der bei Albernett eingetroffen war.

"Was halten Sie von der ganzen Sache, De Bouley?" wollte Albernett wissen. "Ich kenne Harris und seine Einstellung zum Bombenkrieg. Genauso kenne ich die konträre Einstellung von Charles Portal, unserem Stabschef."-"Irgendwie kommt mir diese Geschichte nicht geheuer vor. Ich frage mich, wieso die Bahnanlagen am Rand des Zielgebietes sind und nicht in der Mitte? Und ich frage mich, ob die Deutschen wirklich so dumm wären, ihre Truppen mitten in einer Stadt einzuquartieren." - "Nun, Deine Bedenken und Überlegungen in allen Ehren, William, aber was sollen wir denn machen?" entgegnete De Bouley und fuhr fort:"Wie stünden wir da, würden wir die Aufklärung unserer Kameraden in Zweifel ziehen und eigene Bilder machen lassen? Wer weiß denn heute, ob wir nicht in absehbarer Zeit die Amerikaner einmal um Unterstützung bitten müßten?"- "Du hast ja recht", meinte Albernett, "ich muß aber jetzt auflegen. Eine Bitte habe ich noch". - "Laß' hören", entgegnete De Bouley. "Unterrichtest Du noch die 9.US.-Luftflotte von der Absage?" fragte Albernett und bekam als Antwort: "Aber sicher, werde ich sofort machen, und danke für den Anruf." Nach einem kurzen Gruß fielen an beiden Enden der Leitung die Hörer auf die Gabeln.

Beim Aufräumen seines Schreibtisches schrieb er auf den Befehl Nummer 325: "Erhalten vom Leiter der VIII.B.C. auf Anforderung, nach Sichtung der

Anlage 8A." Dann zog er seine Uniformjacke und den Militärmantel an und verließ sein Büro. Der Arbeitstag war anstrengend gewesen, doch auf dem Weg in seine Dienstwohnung dachte er nochmals an die erneute Verschiebung des Angriffs. Fast schien es ihm, als spiele das Schicksal mit den Städten an der Rur. Düren, Jülich und Heinsberg indes wußten nicht, daß sie an diesem Spiel beteiligt waren. Es war ein grausames, ein tödliches Spiel.

```
R.A.F. Form 683.                                              10A
   (SMALL)              SECRET.
                     CYPHER MESSAGE.

To—        From: 9th Air Force Advanced .TOO.102331.    Date    11th Nov.
           To: RAF Bomber Command.
                                                           Receipt   Despatch
                                                   Time of  0010      0120
From—
                                                   System

        N 5279 All.TOPSECRET.( This message passed through       Y 748
                                                          Serial No.
        8th Air Force and Supreme Hq's Allied Expeditionary

        Air Force). Request notification of time receipt

        each route.

        Operations QUEEN will not repeat will not be carried out

        on 11 November.



        Dist.Ops.2.                                TOR 0110
```

Samstag, 11. November 1944

HAUPTQUARTIER DES BOMBERKOMMANDOS, ROYAL AIR FORCE, HIGH WYCOMBE

Was das Unternehmen 'Queen' anbetraf, verlief dieser Samstag bei den Hauptquartieren recht ereignislos. Im Laufe des Nachmittages meldete sich Group Captain De Bouley erneut in High Wycombe und teilte die Ergebnisse seiner Unterredung mit den amerikanischen Dienststellen mit. Er bestätigte, daß die Sicherheitsvorkehrungen, über die er am Vorabend mit Group Captain Albernett gesprochen hatte, nur für die Bomber der 8.US.-Luftflotte gelten und von der Royal Air Force nicht beachtet werden sollten. "Vor unserem Angriff werden alle Sichtkennzeichen von der Infanterie wieder entfernt werden, und sollte noch die eine oder andere Tafel zu sehen sein, können unsere Jungs diese getrost ignorieren", hatte De Bouley seine Gesprächspartner wissen lassen. 'Wie es denn mit dem Gebrauch von Leuchtraketen oder Rauchbomben von seiten der US-Armee aussehe', war die Frage aus dem Hauptquartier des Bomber-Kommandos gewesen. Auch da hatte der Group Captain eine beruhigende Antwort vorliegen: Es sei den Bodentruppen der Gebrauch solcher Signale absolut verboten worden.

Diese Meldung löste bei dem Planungsstab Erleichterung aus, ging sie doch in ihrem Inhalt noch ein Stück weiter als das kurz vor dem Anruf De Bouley's eingegangene Schriftstück der 9.US.-Luftflotte, in dem der 1.US.-Armee die Benutzung von Leuchtsignalen lediglich bei Nacht verboten wurde. Somit war sichergestellt, daß die Bomber der Royal Air Force sowohl am Tag, als auch in der Nacht ihren Angriff durchführen konnten, ohne daß vom Boden aus abgeschossene Leuchtpatronen die Markierungen der Pfadfinder ungewollt nachahmen würden. Die Gefahr, daß ungeübte Besatzungen oder nervöse Mannschaften ihre Bomben auf die falschen Markierungen abwerfen und so die amerikanische Infanterie treffen könnten, war gebannt.

Nun also hieß es weiterhin: Warten. Warten auf eine Wettervorhersage, die den Einsatz von mehr als tausend Bombern der Royal Air Force und etwa der gleichen Anzahl amerikanischer B17- und B25-Bomber zulassen würde. Das begrenzte Einsatzgebiet allein erhöhte schon das Risiko von Zusammenstößen in der Luft. Sturmböen aber machten ein solches Unternehmen unmöglich.

Der folgende Sonntag war keine zwei Stunden alt, als von Generalleutnant Doolittle, dem Kommandeur der 8.Taktischen US-Luftflotte, die erneute Absage des Angriffs eintraf. Wieder war das Wetter der entscheidende Faktor gewesen. Starke Winde machten eine exakte Steuerung der Bomber kaum möglich. Fast schien es, als habe sich eine dichte Wolkendecke schützend über das Dürener Land gelegt. Die Stadt und die in ihr lebenden Menschen hatten ohne es zu wissen nochmals eine Galgenfrist erhalten.

Und während die Planer der Alliierten in England solche Verschiebungen mit einem Schulterzucken oder Kopfschütteln quittierten, saßen in den Schützengräben von Heinsberg bis nach Kornelimünster Tausende frierender GI's. Sie fanden es gar nicht lustig, in ihren feuchten Kampfanzügen in noch feuchteren Erdlöchern zu hocken. Ihr einziger, wenn auch geringer Trost war, daß 'die Krauts gegenüber' es kaum besser hatten.

Das 12.US.-Armeekorps kam langsam in Bedrängnis, und das gleich im doppelten Sinn: Eigentlich hatte General Eisenhower bereits am 18. Oktober in Brüssel anläßlich einer Pressekonferenz bekanntgegeben, er wolle am 1. November den Rhein bei Köln überschreiten. Nun hingen seine Truppen schon mindestens zwei Wochen hinter diesem Termin zurück. Nach erfolgter Umgruppierung und Auffrischung der Kampftruppen waren diese bereits seit einer Woche in ihren Angriffsstellungen, und die Spannung machte sich bereits bemerkbar. Wenn nicht bald die Offensive gestartet wurde, mußten diese Truppen für einige Zeit aus der

Front herausgenommen werden. Dies hätte wieder eine Verzögerung im Zeitplan bedeutet, und die Aussicht auf den nahenden Winter drückte schon auf die Stimmung in den Stäben. Und im Norden, im Maasbogen, wartete Feldmarschall Montgomery darauf, daß die GI's seine Südflanke durch die angekündigte Offensive decken würden. Vorher konnte er nicht mit seinem Angriff auf den Reichswald beginnen.

Mittwoch, 15. November 1944

HAUPTQUARTIER DES BOMBERKOMMANDOS, ROYAL AIR FORCE, HIGH WYCOMBE

Im Jahr 1943 hatte das Hauptquartier des Bomberkommandos eine neue Staffel aufgestellt und ihr die Nummer 1409 gegeben. Sie war ein Teil der 8. Bombergruppe und hatte nur eine Aufgabe: Mit ihren unbewaffneten zweimotorigen Bombern vom Typ 'Mosquito' flog sie täglich in alle vier Himmelsrichtungen und holte Informationen über das Wetter ein. Unmittelbar vor wichtigen Angriffen, wenn die Bomber bereits in England gestartet waren, kreuzten diese Mosquitos im Zielgebiet, um aktuelle Daten über Wind, Wolken und Sichtverhältnisse an das Hauptquartier zu übermitteln.

Wie in den Tagen zuvor waren auch heute wieder die fliegenden Meteorologen in der Luft gewesen. Die von ihnen gesammelten Daten über Wolkendichte, Höhe und Untergrenze der Wolken, Windgeschwindigkeit und Windrichtung waren sehnsüchtig erwartet worden. Als sie auf ihrem Flugplatz Oakington, wenige Kilometer nördlich von Cambridge, wieder gelandet waren, wurden diese Daten unverzüglich dem Hauptquartier der Royal Air Force und an das Oberkommando der 8. US-Luftflotte übermittelt.

Hier nun wurde die Auswertung dieser Informationen vorgenommen, wobei es durchaus zu unterschiedlichen Meinungen bei der Interpretation und Vorhersage des Wetters kam. Während die amerikanischen Meteorologen immer etwas positiver urteilten, legten ihre britischen Kollegen vornehme Zurückhaltung an den Tag. Der legeren Art ihrer 'Vettern' begegneten sie häufig mit dem Kommentar, als Europäer könne man das Wetter auf dem Kontinent um einiges genauer beurteilen. Die Situation glich der bekannten Geschichte von dem Optimisten und dem Pessimisten, die vor einem Glas stehen, welches bis zu seiner Hälfte mit Wasser gefüllt ist: Der Optimist wird dieses Glas als 'halbvoll', der Pessimist als 'halbleer' bezeichnen.

Es war schon später Nachmittag, als die Verantwortlichen des Oberkommandos in High Wycombe um den Konferenztisch versammelt saßen.
"Nun, Mister Spence, wie lauten die Wetterprognosen für den 16. November?" wollte Luftmarschall Harris wissen und schaute dabei den Chefmeteorologen an. "Also, Sir, über dem Zielgebiet müssen wir immer noch mit dichter Bewölkung rechnen, wie auch allgemein über dem nördlichen Kontinent", antwortete dieser, "innerhalb der nächsten 24 Stunden erwarten wir aber keine Winde in Böen oder gar Sturm. Gleichzeitig dürfte auch der Niederschlag auf ein Minimum herabsinken". Harris' Gesicht entspannte sich etwas, doch gab er sich noch nicht zufrieden: "Und weiter? Wie hoch werden die Wolken liegen, oder genauer ausgedrückt: wo liegt die Untergrenze der Bewölkung?" - "Nun, Sir, wahrscheinlich liegt die Wolkenuntergrenze bei 3.000 Fuß, günstigenfalls bei 10.000 Fuß. Vielleicht haben wir hier in England sogar wolkenfreie Gebiete, wenn der Wind sich noch etwas dreht. Mehr kann ich zur Zeit mit Bestimmtheit nicht sagen. Für morgen sind aber noch einmal Aufklärungsflüge angeordnet worden, deren Ergebnis uns unverzüglich mitzuteilen ist." Mehr konnte Mister Spence derzeit auch nicht berichten. "Trotz Ihrer üblichen 'wenn' und 'aber' bitte ich Sie nun um eine konkrete Antwort auf meine Frage: Lassen die Wetterbedingungen einen Luftangriff der geplanten Größe im Raum Köln-Aachen zu?" - "Doch, ja, Sir", erwiderte der Wetterfrosch. Als er noch einen Satz hinzufügen wollte, schnitt ihm ein unmißverständliches "Danke" aus dem Mund des Marschalls der Royal Air Force das Wort ab. Dann wandte sich Arthur Harris an Group Captain Albernett: "Wissen Sie, Albernett, wie sich die Amerikaner entschieden haben?" - "Ja, Sir", entgegnete der Group Captain. "Die 8. Luftflotte wird auf jeden Fall um 12^{00} Uhr ihre Ziele angreifen und damit das Unternehmen 'Queen' eröffnen."

Nun entwickelte sich eine kontroverse Diskussion, deren einziges Thema war, wann der beste Zeitpunkt sei, die eigenen Staffeln angreifen zu lassen. Am Ende dieser Diskussion stand fest, daß die Bomber der Royal Air Force zum frühstmöglichen Termin über ihren drei Zielen sein sollten. Und dieser Termin lautete: Zwei Stunden nachdem die 8. US-Luftflotte ihre Bomben abgeworfen hatte.

Nachdem nun die Entscheidung feststand, klapperten die Fernschreiber ohne Unterbrechung, und kaum jemand schien mehr an anderen Themen interessiert zu sein. Wer glaubte, mit geringeren Themen oder Problemen, die nicht mit dem Unternehmen in Verbindung standen, auf verständnisvolle Gesprächspartner zu stoßen, sah sich kurz, aber höflich abgewiesen. Das Unternehmen "Queen" war nicht irgendein Angriff, es sollte die größte kombinierte Offensive werden, die von den Alliierten während des Krieges auf dem westlichen Kriegsschauplatz durchgeführt wurde. Nie zuvor und niemals nach dem 16. November 1944 war eine derartige Streitmacht aus Infanterie, Artillerie und Luftwaffe zusammengefaßt worden oder sollte nochmal zusammen im Kampf stehen.

Trotz aller Sicherheitsmaßnahmen war den Oberbefehlshabern der Royal Air Force nicht wohl bei dem Gedanken, alle schweren Bomber am Tag über dem Deutschen Reich auftreten zu lassen. Ein kleiner Trost war die Tatsache, daß der Angriff unmittelbar hinter den Frontstellungen der Gegner ausgeführt werden sollte.

Nachdem die Hauptquartiere der Bombardment Groups ihren Angriffsbefehl erhalten hatten, verließ ein letztes Schreiben den Fernschreibraum des Hauptquartiers in High Wycombe. Das letzte Telegramm an diesem 15. November verließ fünf Minuten vor Mitternacht das Hauptquartier des Bomberkommandos. Empfänger waren die 9. US-Luftflotte, die 8. US-Luftflotte und das SHAEF. Der Inhalt lautete: "Plane Unternehmen Queen für morgen, 16. November. Stunde H 14^{30}, vorausgesetzt die ausstehenden Wetterbedingungen." Dieses Telegramm machte nun offiziell, was wenige Minuten zuvor auf fernmündlichem Weg das SHAEF erreicht hatte. Die britischen Bomber würden noch in der Anfangsphase der Offensive ihren Einsatz durchführen, und zwar genau nach der vorgegebenen Zeitplanung.

Wenig später meldete sich das Oberste Hauptquartier der Expeditionsstreitkräfte telefonisch in High Wycombe: 'Ob die Royal Air Force versichern könne, daß sie ihren Angriff nicht vor Ablauf von zwei Stunden nach dem Bombardement der 8. Luftflotte durchführen werde?' lautete die Frage. Die Herren konnten beruhigt werden: "Nein, frühestens zwei Stunden nach der 8. Luftflotte werden wir angreifen, frühestens."

R.A.F. Form 96. S 575 (Naval)		MESSAGE FORM.		Office Serial No.	
IN				No. of Groups GR	Office Date
Preface OUT					
TO FROM:	H. Q. B. C.	(Above this line is for Signals use only)			
FROM TO:	IXTH U.S.A.F. ADVANCED S.H.A.E.F. MAIN AIR, VIIITH AIR FORCE.	Originator's Number AC.435	Date 15/NOV	Your/my	
PLANNING	OPERATION	"QUEEN"	TOMORROW	16/NOV	
'H' HOUR	1430	SUBJECT	TO	CONFIRMATION	
OWING	TO	WEATHER			
This message must be sent AS WRITTEN and may...be sent by W/T. Signature	This message must be sent IN CYPHER and may...be sent by W/T. Signature	Originator's Instructions. SECRET.	Degree of Priority. IMMEDIATE.	Time of Origin. 2355. T.O.R. T.H.I.	

Die Royal Air Force legt ihren Angriffszeitpunkt fest.

Donnerstag, 16. November 1944

HAUPTQUARTIER DES BOMBERKOMMANDOS, ROYAL AIR FORCE, HIGH WYCOMBE

Nun lag die Initiative bei der 8.US-Luftflotte. Mit ihrer Entscheidung stand oder fiel die geplante Offensive. Eine erneute Verschiebung des Angriffs über den 16. November hinaus konnte bedeuten, daß der Vorstoß der Infanterie zum Rhein sich wohl um Tage, vielleicht sogar um Wochen verzögern würde. Im Norden aber wartete Generalfeldmarschall Montgommery auf den Beginn der Schlacht. Ohne die schützenden US-Truppen an der Südflanke seiner Streitkräfte konnte ein Vordringen durch den Reichswald und weiter über den Rhein bei Wesel für seine Soldaten ein selbstmörderisches Unterfangen werden. Zudem wurden auf diesem Weg zu viele Einheiten als eigener Flankenschutz benötigt. Eine gleichzeitige Umfassung des gesamten Industriegebietes an der Ruhr konnte dann getrost zu den Akten gelegt werden.

Das Fazit aller Überlegungen und Gedankengänge konnte nur lauten: Die Bomber müssen starten.

Der Befehlshaber der 8.US-Luftflotte, General Anderson, mußte aber erneut bei seinen britischen Kollegen in High Wycombe anrufen. Der Grund war einmal mehr das Wetter. Die amerikanischen Bomberbesatzungen hatten gelernt, ihre Angriffe im Formationsflug durchzuführen. Um solche Formationen halten zu können, mußte ein fast gleichmäßiger Wind herrschen. Die endgültige Auswertung der meteorologischen Daten lautete: Mit ruhigen, stabilen Windverhältnissen im Zielgebiet ist erst nach 12^{30} Uhr zu rechnen.

Die Verbindung zwischen General Anderson und High Wycombe kam kurz vor halb zwei morgens zustande.

"Guten Morgen, hier spricht General Anderson. Ich wollte Sie noch über zwei

Dinge in Kenntnis setzen." Der General atmete noch einmal tief durch. "Also, ich kann Ihnen jetzt definitiv mitteilen, daß unser Luftangriff um 12^{45}Uhr beendet sein wird. Und angesichts der zu erwartenden Wolkendichte werden wir wohl einen Blindangriff fliegen." Welche Form des Bombenabwurfes General Anderson nun wählen würde, war den Angehörigen des Bomberkommandos ziemlich egal. Wichtiger aber war die erste Information. Sie bedeutete, daß der eigene Angriff erst eine Viertelstunde vor drei Uhr nachmittags erfolgen konnte. Über die bekannten Wege wurde diese Neuigkeit von High Wycombe an das SHAEF und die 9.US-Luftflotte übermittelt.

Fünf Minuten nach drei Uhr morgens meldete General Vandenberg, der Chef der 9. Luftflotte, schriftlich:

"Das Unternehmen QUEEN ist am 16. November 1944
durchzuführen.
Dies stellt D-Day dar.
H-Stunde ist 12^{45}.
Erbitte Mitteilung über die anzugreifenden Ziele,
Stärke, Routen und Zeitplan."

Das Antwortschreiben der Royal Air Force enthielt die lakonische Antwort, man möge doch, bitte sehr, auf die Fernschreiben Nummer 902 und 903 schauen, da stünde alles drin.

Von all diesen Fernschreiben, Telegrammen und Telefongesprächen wußten die Soldaten an der Front nichts, ebensowenig die Besatzungen der schweren und leichten Bomber, der Jagdflugzeuge und der Wetteraufklärer.

Ohne von Luftschutzsirenen geweckt und in die Keller gejagt zu werden, schliefen die Menschen in Düren und Jülich endlich einmal wieder eine Nacht durch. In der Hoffnung auf ein baldiges und schnelles Ende des Krieges hatten sie

R.A.F. Form 683. (SMALL)	SECRET. CYPHER MESSAGE.	(*9720—8759) Wt. 13495—O468 102M 6/42 T.S. 700	16A
To— From. HQ 9th. Air Force To. RAF Bomber Command. TOO.160200A.		Date 16th. Nov.	
		Time of Receipt 0305	Despatch 0315
From—		System	
		Serial No. Y801	

M.5421 A 11   Signed VANDENBERG   TOPSECRET.

Operation QUEEN to be carried out on 16th. Nov.1944.

This constitutes D day.

H hour is 1245 .

Request notification of targets to be attacked, Force, Routes, and timings.

Dist. Ops.3   2.   T.O.R.160258A.

Telegramm von General Vandenberg

ihre Heimat nicht verlassen. Auch ahnten sie nicht, daß die Schonfrist, die das schlechte Herbstwetter ihren Dörfern und Städten gebracht hatte, in wenigen Stunden ablaufen würde. Diesen 16. November 1944 sollten viele der jetzt noch Schlafenden nicht überleben. Den Überlebenden aber blieb dieser Donnerstag des sechsten Kriegsjahres für immer im Gedächtnis.

Von der 1409. Staffel war ein Flugzeug an diesem Morgen schon sehr früh wieder in der Luft gewesen. Die von der Besatzung gemachten Beobachtungen und aufgezeichneten Daten führten dann zu einer erneuten Verzögerung im Angriffsplan. Somit sollten die britischen Bomber erst um 15^{30} Uhr über Düren, Jülich und Heinsberg erscheinen.

153. Squadron

Donnerstag, 16. November 1944

HAUPTQUARTIER DER 1.BOMBARDMENT GROUP, BAWTRY HALL, SÜD-YORKSHIRE

Kurz nach 4^{00}Uhr war der Befehl des Hauptquartieres der Bomberverbände in Bawtry Hall eingegangen. Nun konnte der vorbereitete Angriffsbefehl an die einzelnen Basen abgesandt werden. Auf den elf Flugplätzen zwischen dem Fluß Humber im Norden und der Stadt Lincoln im Süden standen 238 Lancaster der 1.Bombardment Group einsatzbereit in ihren von Splitterschutzwällen umgebenen Boxen.

Die 5. Group, südlich von Lincoln stationiert, hatte 214 Bomber einsatzbereit gemeldet, und die um Cambridge herum stationierte "Pfadfinder"- Gruppe plante, 33 Lancaster und 13 Mosquitos nach Düren zu senden.

Insgesamt 3421 Angehörige des fliegenden Personals sollten diese Bomber besetzen, sie navigieren, steuern, verteidigen. Kaum einer der Männer hatte je zuvor den Namen 'Düren' gehört. Andere Ortsnamen waren ihnen geläufiger: Hamburg, Köln, München, Essen, Leuna-Werke und nicht zu vergessen Berlin. Düren sollte ein weiteres Ziel in ihren Logbüchern werden, und solange der Krieg noch andauern sollte, würden andere Namen folgen.

In den Munitionsbunkern der Flugplätze lagen allein für das Ziel Düren 2426 Tonnen Sprengbomben bereit, aufgeteilt auf 117 Luftminen und 5347 Bomben unterschiedlichster Größe. Ergänzt wurde dieses Arsenal durch 148980 Brandbomben zu jeweils 1,8 Kilogramm und 95 Zielmarkierungsbomben.

Fast gleichzeitig ratterten in den Fernschreibstuben der Fliegerhorste die Ticker los und druckten detailliert abgefaßte Schreiben auf die schmalen Papierrollen.

Was für die 1., 5. und 8. Bombardment Group galt, traf auch für die anderen Bombardment Groups zu. Die 3. Group bereitete sich mit 182 Lancaster auf ihren Flug nach Heinsberg vor, während die 4. und 6. Group 491 Bomber nach Jülich entsenden sollte. Auch die "Pfadfinder" wurden gegen das Ziel Jülich mit 17 Flugzeugen eingesetzt. Die Flugrouten zu diesen drei Städten lagen dicht beieinander, und die Rückwege waren so gewählt, daß kein Bomber in die Nähe der gefürchteten Flakgürtel um Köln und Düsseldorf gelangte.

Angehörige der 150. Staffel

Blick auf den Marktplatz von Düren mit seinen schönen, alten Häusern. Rechts unten befindet sich das Eckhaus an der Einmündung zur Platzergasse, links oben sieht man die Einmündung der Kölnstraße in den Marktplatz.

Eine der schönsten Stadtansichten zeigt den Hoeschplatz um 1930, aufgenommen von einem Junkersflugzeug. In der Bildmitte befinden sich die Marienkirche, das Stadttheater und das Hoeschmuseum. Im Bild links unten steht die Schoeller-Villa, die 1934 dem Neubau des Amtsgerichts weichen mußte.

Ansicht der Altstadt. In der Bildmitte unten erkennt man den Altenteich, davor die Häuser der Weierstraße. Zum oberen Bildrand führt die Philippstraße, links davon die Marienkirche mit Peschschule und Stadttheater.

Blick auf den Ostteil der Stadt. Im Mittelpunkt befindet sich die imposante Anlage des "Neuen Wasserturmes". Der wuchtige Turm selbst überstand den Bombenangriff zwar, wurde aber später von den abziehenden deutschen Truppen gesprengt.

Teil B: Die Ausführung

Donnerstag, 16. November 1944

Flugplatz Scampton, Lincolnshire

Scampton ist ein kleines Dorf nordwestlich der Stadt Lincoln, und der gleichnamige Flugplatz beherbergte 1944 die 153. Staffel, die zur 1. Bombardment Group der Royal Air Force gehörte. Aus dem Graslandeplatz des Jahres 1918 war eine ständige Einrichtung geworden. Das Gelände war 235 Hektar groß und bildete eine nahezu quadratische Fläche, die an allen vier Seiten von Straßen begrenzt wurde. Vom Dorf Scampton führte eine Straße nach Osten und traf auf die A15, die von Lincoln kommend nach Norden verlief. Die beiden Straßen bildeten die südliche und östliche Begrenzung des Flugplatzes, und an ihrem Treffpunkt befanden sich die Unterkünfte der Soldaten und der administrative Bereich. Dieser Teil des Platzes wurde durch vier riesige Flugzeughallen, die der Reparatur und Wartung der Bomber dienten, vom eigentlichen Fluggelände abgetrennt.

Die Fläche vor den vier Hangars mündete in eine Ringbahn, welche die Hallen, die Stellplätze der Bomber und die Start- und Landebahnen miteinander verband. Im Vorjahr waren drei Asphaltbahnen mit einer Breite von jeweils 46 Metern neu angelegt worden. Die längste Startbahn war 1830 Meter lang und verlief diagonal von Nordwesten nach Südwesten. Dabei überquerte sie die beiden anderen Pisten, die beide eine Länge von 1280 Metern hatten und von Norden nach Süden, beziehungsweise von Westen nach Osten zeigten. Alle drei Bahnen machten die Starts und Landungen der Bomber von vorherrschenden Windrichtungen nahezu unabhängig.

Kommandeur des Flugplatzes war der knapp fünfzigjährige Group-Captain H.N. Mellory. Er hatte stets einen grantigen Ausdruck in seinem Gesicht, doch die älteren Staffelangehörigen wußten von seinem Verständnis für die Streiche, die seine jungen Besatzungen hin und wieder spielten. In einem Punkt aber durfte man sich nie bei Horatio Nelson Mellory täuschen: Daß er nichts von einem Bomber verstünde. Wehe der Besatzung, die bei Einsätzen durch Fehlabwürfe oder ungerechtfertigten Abbruch eines Einsatzes auffiel! Mellory brachte es dann fertig, bei dieser Besatzung einen Angriff mitzufliegen. Höchstselbst flog er den Bomber, und er wich nicht um die Breite einer Hand von dem vorgeschriebenen Kurs ab.

Kontrolltower eines Bomberflugplatzes

Royal Air Force, Coningsby
Lancaster-Bomber

Bomberbesatzung der 12. Squadron mit ihrer Bodenmannschaft

Die Bomberbesatzung, - ein eingespieltes Team

- Bomber der 207. Squadron -
Das Schwesterflugzeug EM-B wurde über Düren abgeschossen.

6:45 Uhr, SCAMPTON

Steve Phillips drehte langsam seine Beine aus dem Bett und stützte seinen Kopf auf die Handballen. Sein Kopfkissen lag neben dem Bett, und die Decken bildeten ein unübersehbares Knäuel aus Stoff und Wolle. So wie sein Bettzeug fühlte sich Steve auch, schließlich war er, wie er glaubte, die ganze Nacht geflogen.

Nun saß er gerädert und übel gelaunt auf der Kante seines Bettes. Sein Zimmernachbar hatte den Schlafraum bereits verlassen, und so hing Steve noch etwas seinen Gedanken nach. Einige Augenblicke brauchte er, um einigermaßen zur Realität zurückzufinden. Dann stand er endgültig auf und wankte zur Türe. "Licht", sagte Steve, während er den Stromschalter betätigte. Eine etwas trübe Glühbirne erlaubte den Zimmerbewohnern, den Raum zu queren, ohne sich an dem vorhandenen Mobiliar bleibende Schäden zu holen. Seinem Spind entnahm Steve die Waschutensilien und machte sich auf den Weg in Richtung Waschraum. Dort angekommen, stellte er sich vor eines der Waschbecken, gähnte und reckte sich noch einmal und war nun bereit, der ersten Herausforderung des Tages zu trotzen.

Mit jedem Schwall seines Waschwassers wurde Steve ein Stück wacher, und bei der Rasur summte er bereits teilweise vor sich hin. Zurück in seinem Zimmer zog er seine Uniform an: Leichtblaues Hemd, die Krawatte sorgfältig geknotet, blaue Socken, die dunkelblaue Uniformhose und seine Jacke, auf der sein Pilotenabzeichen prangte, die Insignien der Königlichen Luftwaffe, gehalten von zwei Schwingen. Zu guter Letzt setzte er seine Schirmmütze auf, und wie immer achtete Steve darauf, daß sie etwas schräg saß. Schirmmützen durften nur die Offiziere tragen, die Mannschaftsdienstgrade mußten mit dem Schiffchen vorliebnehmen.

Der Offizier Steve Phillips aus Exeter fühlte sich nun wesentlich besser. Als er sein Zimmer verlassen wollte, stand sein Funker im Türrahmen. Neben dem

Piloten war Raoul Clegg der zweite Offiziersdienstgrad an Bord, alle anderen waren Sergeants, Flight Sergeants, wie sie korrekt bezeichnet wurden.

"Morgen, Skipper", sagte Raoul Clegg, "es darf nicht mehr nach draußen telefoniert werden". Steve grinste. Das Verbot, Telefongespräche aus dem Flugplatzgelände heraus zu führen, war ein sicheres Zeichen für einen nahen Einsatz. "Na also, dann wollen wir doch einmal in die Offiziersmesse gehen", antwortete er und stürmte den Flur entlang und die Treppe hinunter. Raoul folgte im Schlepp und maulte lautstark: "Steve, etwas mehr Disziplin, wenn ich bitten darf." An der Eingangstür angekommen, versuchte der Pilot seine Schritte wie ein Gehen aussehen zu lassen. Trotzdem konnte er nur mit Mühe vermeiden, in ein Laufen zu verfallen.

Die Nacht wurde zusehends vom Tag verdrängt, und im Osten hatte der Himmel bereits eine leichte Graufärbung angenommen. Wäre Steve nur einen Moment stehengeblieben, hätte er bemerkt, daß nur wenige Wolken am Himmel zu erkennen waren. Doch Steve hatte weder einen Blick für das Geschehen am Horizont übrig, noch für das emsige Treiben, daß auf dem Flugfeld eingesetzt hatte. Zwischen den Hallen hindurch konnte man im Morgendunst die Bomber schemenhaft erkennen. Die Flugzeuge vom Typ "Lancaster" ließen in diesem Zwielicht Assoziationen mit urzeitlichen Flugsauriern zu.

In der Messe angekommen, blieben die beiden Offiziere im Flur des Gebäudes vor dem Notizbrett stehen, an das ein großes Blatt geheftet war. Auf diesem Papier war jedes Flugzeug notiert, das für diesen Tag einen Einsatz durchzuführen hatte. Heute standen die Seriennummern von dreizehn Maschinen der Staffel auf der Tafel, und in den Spalten hinter den Nummern waren die Namen der Flugzeugführer und der Mannschaften aufgeführt.

"Da, Reihe sechs", sagte Rauol und stieß seinen Piloten in die Seite. Steve hatte seinen Namen bereits gefunden und quittierte den Hinweis mit "Ja, ja, schon gut!"

Unter der Flugzeug- und Namensliste standen noch zwei wichtige Termine: 'Einsatzbesprechung der Navigatoren ist um 8^{15} Uhr, die Besatzungen werden um 9^{00} Uhr gebrieft.'

"Wird wohl ein dicker Hund werden", kommentierte Raoul das Schreiben. "Wo willst Du denn diese Weisheit her haben?" Steve Phillips sah seinen Funker mit skeptischem Gesichtsausdruck an. Vielsagend grinste der zurück. "Man hat da so seine Verbindungen, weißt Du", antwortete Raoul und, sich betont in die Brust werfend, fügte er hinzu: "Nur die frühen Vögel fangen die Würmer", womit er auf sein eigenes frühes Aufstehen an diesem Morgen verwies. Dann schaute er auf seine Uhr. "Gleich halb acht, gerade noch Zeit für einen Tee", vermerkte er und ging den Flur hinunter in Richtung Kantine. "Halt, ich komme ja mit", hörte er seinen Piloten sagen.

Die Messe glich eher einem vornehmen Clubraum, als einer Kantine. Um die aus dunklem Holz gearbeiteten Tische waren jeweils vier gepolsterte Stühle postiert, auf denen man äußerst bequem saß. In den Ecken an der Fensterseite des Raumes befanden sich drei Sessel, zwischen die wiederum ein Rauchertisch gestellt worden war. Die Herren Offiziere mußten nicht für ihr Essen anstehen. Eine Angehörige der weiblichen Hilfstruppen der Royal Air Force fungierte als Kellnerin, nahm die Bestellungen entgegen und servierte, korrekt von der linken Seite, was gewünscht worden war.

Steve und Raoul hatten sich beide zwei Scheiben Toast und Tee bestellt. Mit dem heißen Tee kämpfend, sah Steve zum ersten Mal bewußt den morgendlichen Himmel. In den Backentaschen eine Mischung aus Tee, Toast, Butter und Orangenmarmelade bemühte sich Offizier Phillips, seinem Funker klarzumachen, wie er die Aussichten für den Tag einschätzte. "Fuugwehher, guuh". - "Was, bitte?"

Raoul Clegg verstand gar nichts. "Fuugwehher, guch doch!" - "Mensch, Skipper, mach doch erst einmal die Backen leer", bremste Raoul seinen Kollegen, "sonst habe ich mehr von Deinem Frühstück, als Du selbst". Steve schluckte heftig. "Schau doch mal nach draußen", seine Stimme klang nun wesentlich deutlicher, "Flugwetter, ich schätze die Bewölkung auf knapp fünfzig Prozent und die Wolkenuntergrenze bei dreitausend Fuß". - "Na prima", erwiderte Raoul, und mit mütterlichem Unterton setzte er hinzu: "Jetzt aber frühstückst Du erst einmal brav zu Ende. Ich allerdings muß schon los." Offizier Clegg stellte seine Tasse auf den Frühstücksteller und schaute auf seine Uhr: Fünfzehn Minuten nach acht, noch eine dreiviertel Stunde bis zur Einsatzbesprechung. Er stand auf, zog seine Uniformjacke an und ließ seinen Piloten mit einem 'Bis bald' allein am Tisch zurück.

Der Flugingenieur Sean McDonald aus Glasgow, Mathew Wilson, der Bombenschütze aus London, Navigator Mike Gibson aus Oxford, sowie die beiden Maschinengewehrschützen Gilbert Norbridge, London, und der in Skegness geborene Peter Radcliffe: Diese fünf Männer komplettierten die Besatzung des Lancaster-Bombers, den sie auf den Namen 'Lady Anne' getauft hatten.

Die fünf Sergeants hatten sich an diesem Morgen wie immer in der Kantine getroffen und dann ausgiebig gefrühstückt. Mike Gibson mußte aber die Runde frühzeitig verlassen, da für seinen Teilbereich die Zeit der gesonderten Einsatzbesprechung näher gerückt war.

Sean McDonald steckte sich seine Pfeife an und las nun in seinem Lieblingsbuch: 'Bread upon the waters' von Rudyard Kipling. Wie er selbst, so war auch in diesem Buch der Chefingenieur des Schiffes 'Breslau' ein Schotte. McDonald war der Älteste innerhalb der Lancaster-Besatzung. Sein Vater hatte in Glasgow ein gutgehendes Geschäft, das ihn in die Lage versetzt hatte, seinem Sohn

Sean ein Ingenieurstudium zu finanzieren. Besonders begeistert war Mr. McDonald aber nicht gerade von der Idee seines Sohnes gewesen, sich zur Luftwaffe zu melden.

Anders hatten die Eltern von Mike Gibson reagiert. Der Vater, als Dozent für Mathematik an einem College in Oxford tätig, hatte sich den Wunsch seines Sohnes ruhig angehört. "Nun, mein Junge", hatte er dann geantwortet, "es ist ein ehrenvoller Entschluß, daß Du Deinem König und Vaterland dienen möchtest. Den von mir ererbten mathematischen Verstand kannst Du sicherlich bei der Luftwaffe gut nutzen. Doch gleichgültig, an welcher Stelle Du eingesetzt wirst, mache der Familie und der Mathematik keine Schande". Vater Gibson hatte abschließend allen einen Sherry eingeschenkt und einen Toast auf den König ausgebracht. Mutter Gibson aber machte das, was wohl alle Mütter in solcher Situation machen: Sie schaute nachdenklich und besorgt auf ihren jüngeren Sohn. Sein älterer Bruder war bei der Armee und 1940 verwundet aus Dünkirchen herausgebracht worden.

8^{15} Uhr, SCAMPTON

Vor einem Einsatz wurden die Besatzungen mit allen Einzelheiten des Unternehmens vertraut gemacht. In der Fliegersprache heißt diese Besprechung 'Briefing'.

Die wichtigste Position an Bord hatte während des Fluges der Navigator. Er war für die ständige und korrekte Berechnung der Strecke und der Flugzeugposition verantwortlich. Die zur Erfüllung dieser Aufgabe speziellen Informationen erhielten diese Navigatoren im Rahmen eines gesonderten Briefings, an das sich die allgemeine Besprechung anschloß.

Diese Briefings fanden in einer Nissen-Hütte statt, einer etwa 18 Meter langen und fünf Meter breiten Halbröhre aus Wellblech. Ein Kanonenofen sollte den Raum erwärmen, schaffte dies aber nur in seiner engeren Umgebung. An den Wänden hingen Tafeln, auf denen die Schattenrisse deutscher Flugzeuge, meist Abfangjäger, aufgezeichnet waren, oder auf denen mahnende Parolen in bezug auf Einsatzbereitschaft und Geheimhaltung zu lesen standen. An der Kopfseite der Hütte befanden sich ein etwas erhöhtes Podium, eine Tafel und ein Kartenständer, an dem eine riesige Karte hing, die England und Europa darstellte. In einem Schrank wurden neben allgemeinen Schreibutensilien die Karten und Logbücher für die Einsätze aufbewahrt. Jedem Flugzeug waren zwei dieser Bücher fest zugeordnet. Eines wurde vom Flugingenieur, das andere vom Navigator während des Einsatzes geführt.

Die Navigatoren hatten ihre Logbücher und Flugkarten aus diesem Schrank geholt und an Tischen, die in mehreren Reihen den Briefingraum füllten, Platz genommen. Die Männer entrollten ihre Flugkarte und schlugen in ihren Logbüchern eine neue Seite auf.

Der Fachleiter der Navigationsabteilung stand vor den Tischreihen am Podium. Hinter ihm waren auf der Tafel die Nummern der Flugzeuge notiert worden, die am Einsatz teilnehmen sollten, gefolgt vom Namen des jeweiligen Flugzeugkommandanten, der individuellen Start- und Landezeit, sowie dem Zeitpunkt, an dem das Flugzeug über seinem Ziel eintreffen sollte.

Der Angriffsplan sah vor, die Bomberflotte innerhalb einer kurzen Zeit das Ziel überqueren zu lassen. Dabei mußte die Gefahr eines Zusammenstoßes in der Luft gebannt werden. Als Lösung hatte sich angeboten, die dicht aufeinanderfolgenden Flugzeuge in drei unterschiedlichen Flughöhen fliegen zu lassen. Die mittlere Angriffshöhe wurde bei etwa drei Kilometern festgelegt. Jeweils fünfhundert Meter unter und über dieser Höhe lagen die beiden anderen Ebenen. Ein leichtes seitliches Versetzen der Bomber verstärkte nicht nur diese Sicherheitszone, sondern ergab am Boden zudem noch den sogenannten Bombenteppich.

Damit die Bomber sich gegenseitig schützen konnten, flogen die amerikanischen Verbände ihre Tagesangriffe in einer Formation. Eine solche Taktik war aber bei den Nachtangriffen der Royal Air Force wegen der fehlenden Sicht unmöglich. Daher erhielt jeder Bomber einen Zeitplan, der unbedingt von der Besatzung einzuhalten war.

Nach einigen knappen Worten zur Einführung kam der Chefnavigator sogleich zur Sache: "Also, Gentlemen, kommen wir nun zu den relevanten Daten bezüglich der zu erwartenden Lufttemperaturen und Windgeschwindigkeiten. Anschließend gebe ich Ihnen die Flugroute bekannt. Bitte schreiben Sie mit", sagte der Chefnavigator, und seine Männer folgten der Aufforderung. Die Situation war ihnen ja nicht unbekannt, schließlich war das Prozedere der Besprechungen stets das gleiche. Schon purzelten Zahlen über die Lufttemperaturen und Windgeschwindigkeiten in den verschiedenen Höhen durch den Raum. Dann folgte eine genaue Beschreibung der Flugstrecke, die durch Wegpunkte fixiert wurde. Verband man diese untereinander, wurde auf der Karte die Route sichtbar.

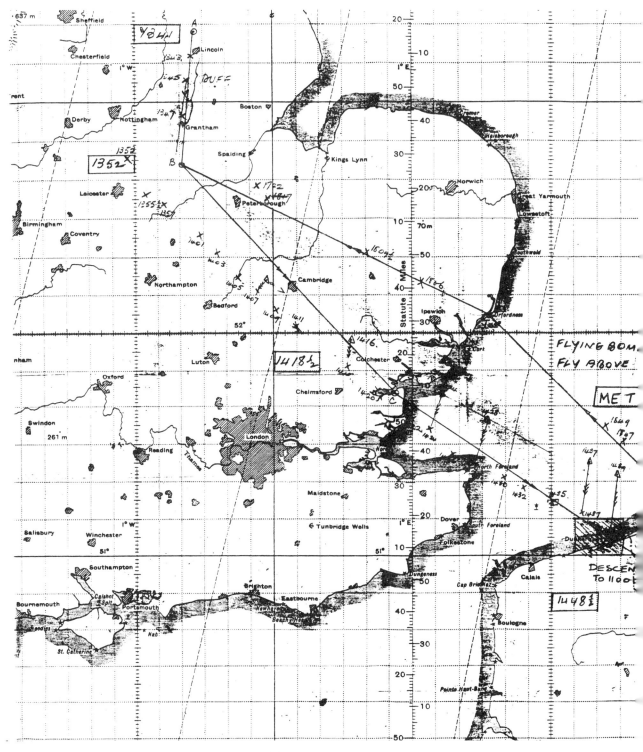

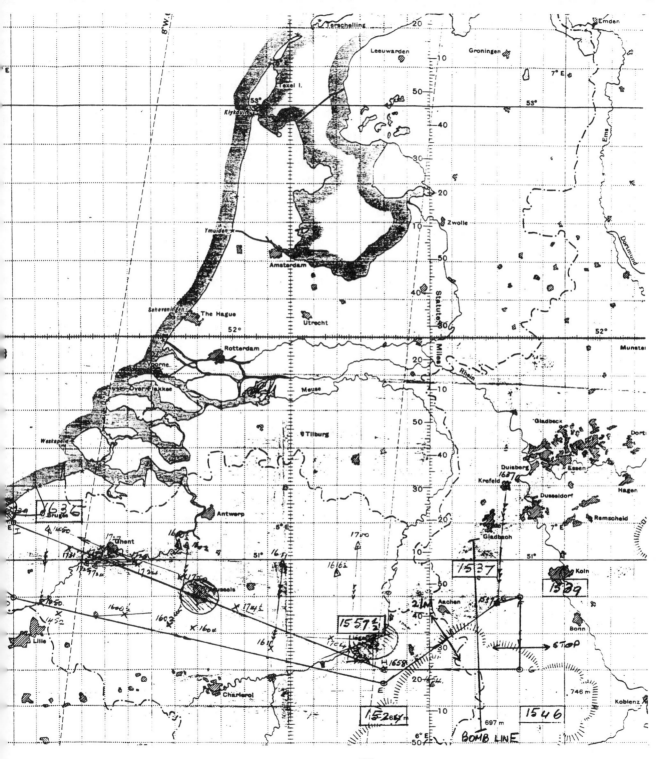

"Ich gebe Ihnen zunächst die Längen-, dann die Breitengrade an. Punkt A stellt die Basis dar. Punkt B ist: Nord 52 Grad und 44 Minuten, West Null Grad und 39 Minuten." Die Männer notierten: 5244N 0039W. "Der nächste Punkt: C liegt bei 51 Grad und 53 Minuten Nord, sowie Null Grad und 52 Minuten Ost." Notiert wurde: 5153N 0052E. Weitere Angaben folgten: Punkt D als 5050N 0300E, Punkt E als 5026N 0540E. Hier ergänzte der Leiter seine Angaben: "Ab diesem Punkt beginnt der Zielanflug. Das Ziel Düren hat die Koordinaten 50 Grad, 48 Minuten Nord und 6 Grad, 30 Minuten Ost. In den Beiblättern auf den Seiten 5 und 6 ist der Zielpunkt als GH477 eingezeichnet. Hinter dem Ziel drehen Sie ein auf Punkt F: Nord 50 Grad, 50 Minuten und Ost 6 Grad, 40 Minuten." Notiert: 5050N 0640E. "Der Rückweg verläuft wie folgt", bemerkte der Chefnavigator, und erneut rief er die Koordinaten in den Raum: "G ist auf 50 Grad und 30 Minuten Nord, sowie 6 Grad und 40 Minuten Ost." Dann folgten noch vier weitere Wegpunkte, deren letzter sich mit Punkt B deckte.

"Haben Sie zu der Flugroute noch Fragen?" wollte der Vortragende wissen. Eine Hand hob sich: "Sir, wie sieht es mit Ausweichstrecken aus?" - "Danke für diese Frage, Lieutenant", antwortete der Fachleiter, "für den Fall, daß Ihre Maschine beschädigt ist, stehen Ihnen Notlandeplätze in Frankreich und Südengland zur Verfügung. Die entsprechenden Angaben finden Sie in den Kartentaschen. An diesem Punkt möchte ich noch darauf hinweisen, daß Sie bei einer Notlandung im Gebiet des Feindes das Material durch Verbrennen zu vernichten haben. Besatzungen beschädigter, aber flugstabiler Maschinen, in denen Verletzte mitgeführt werden, melden bitte bei Überfliegen der Kanalküste Landepriorität an, die anderen Bomber lassen wir dann erst noch etwas kreisen".

Nun war auch dieser Punkt geklärt, und die Männer machten sich an das, was sie 'Hausaufgaben' nannten: Sie zeichneten die Flugstrecke in ihre Karten ein und berechneten anhand der Entfernungen zwischen den Punkten, der Zeiten für Start,

Landung und Eintreffen über dem Ziel, sowie der Flughöhe die Geschwindigkeit ihrer Bomber.

Da in großen Höhen die Luft bekanntermaßen dünner ist, als am Boden, weicht das reale Tempo von den Angaben ab, die von den Instrumenten angezeigt wurden. Berücksichtigte ein Navigator diese Tatsache nicht, war die Möglichkeit sehr groß, daß der Bomber einen Wendepunkt bereits lange überflogen hatte, bevor der Pilot von seinem Navigator die Aufforderung zur Kursänderung erhielt. Das Flugzeug wäre dadurch von der Strecke abgekommen und hätte letztlich sein ausgewähltes Ziel nie erreicht.

Mike hatte für seine Mannschaft alle Angaben im Logbuch notiert und die Strecke auf die vor ihm liegende Karte übertragen. Neben den Wendepunkten schrieb er noch die zugehörigen Zeiten. Alle Städte, um die die deutsche Wehrmacht Flakstellungen eingerichtet hatte, markierte er durch Schraffieren. Weiterhin notierte er im Logbuch die Höhen, in denen sein Pilot zu fliegen hatte, sowie zwei unterschiedliche Fluggeschwindigkeiten während des Einsatzes: Einmal die, die im Geschwindigkeitsmesser der Lancaster zu erscheinen hatte, und das Tempo, welches das Flugzeug in Wirklichkeit aufwies.

Schließlich füllte Sergeant Gibson noch einige Lücken im Kopfteil des Formulares. Staffelnummer: 153, Codebuchstabe des Flugzeuges: L, Kapitän: F/O Phillips, Navigator: F/Sgt. Gibson, Datum: 16.11.44. Quer über die Spalten für Sonnenauf- und Sonnenuntergang schrieb er groß: DÜREN. Dann klappte er sein Logbuch zu und begann seine Flugkarte zusammenzurollen. Fast war er mit seinen 'Hausaufgaben' fertig, da ertönte noch einmal die Stimme des Chefs: "Meine Herren, als Zielmarkierer werden rote Leuchtbomben eingesetzt. Genau fünf Minuten vor der Angriffszeit wird die erste dieser Bomben zu sehen sein, und der Abwurf der letzten Leuchtbombe erfolgt neun Minuten nach Angriffsbeginn."

Mike schlug sein Logbuch wieder auf und trug auch diese Information ein. Dann endlich war die Besprechung für die Navigatoren beendet.

Während Sergeant Gibson im Besprechungsraum saß, hatten seine Kameraden sich noch etwas die Beine vertreten. Jetzt trafen sich die Besatzungen vor der Wellblechbaracke, in der das Briefing abgehalten wurde. Es war inzwischen wenige Minuten vor neun Uhr, und bald sollten die Männer erfahren, worum es denn genau ging, an diesem 16. November 1944.

9⁰⁰ Uhr, SCAMPTON

Wie alle Besatzungen warteten Steve Phillips und seine Mannschaft vor der Hütte darauf, daß sie eingelassen wurden. Schließlich öffnete sich die Türe.

"Wird aber auch langsam Zeit, Jungs", meldete sich Gilbert Norbridge zu Wort, "was gibt es denn wieder so Geheimnisvolles?" Von verschiedenen Standpunkten aus kann ein Dialekt Strafe oder eigenständiges Kulturgut sein. Cockney-Englisch ist so ein Fall. Sergeant Norbidge war eben ein echter Cockney, ein Junge aus dem östlichen Bezirk Londons, der sein eigenes Sprachgut hat. "Kann bitte jemand übersetzen", ulkte daher Mathew Wilson. Schon erklang die sonore Stimme McDonald's: "Gerne, Sir." Doch Sean kam gar nicht dazu, sein Angebot in die Tat umzusetzen. Steve drückte ihn sanft, aber bestimmt zur Seite und ging in den Saal.

Der Pilot suchte seinen Navigator, und als er Mike erblickte, winkte er ihm. Mike signalisierte, daß noch ein paar Stühle in seiner Nähe frei wären, und so schob sich die Crew geschlossen durch den Raum. Schließlich saßen sie, wenn auch auf zwei Reihen verteilt, dicht beieinander.

Auf der großen Karte neben der Tafel war zwar die Flugroute mit rotem Klebeband markiert worden, dennoch konnte man dem lauten Stimmengewirr in dem Raum die wildesten Spekulationen über das Ziel und den Zweck des Angriffes entnehmen. So war es vor jedem Einsatz, und auch jetzt war lediglich das Ziel bekannt. Doch wer von den Männern kannte schon eine Stadt im Deutschen Reich, die den Namen Düren trug?

Steve hatte seinen Platz neben einem anderen Piloten, von dem er freundlich begrüßt wurde; man kannte sich, und es entwickelte sich ein belangloses Gespräch, das aber bald unterbrochen wurde. Ein laut gerufenes "Achtung" ließ die Männer von ihren Stühlen aufspringen und in strammer Haltung erstarren: Der kommandierende Offizier des Flugplatzes, Group-Captain Mellory, hatte den Raum betreten und stieg auf das Podium. Hinter ihm waren die Chefs der Abteilungen für Meteorologie, Nachrichtendienst und Waffentechnik in den Saal gekommen.

"Danke, meine Herren, bitte nehmen Sie Platz". Mit diesen Worten eröffnete der Kommandeur die große Einsatzbesprechung. Group-Captain Mellory wartete, bis Ruhe im Raum herrschte. "Meine Herren." Laut schallte die Stimme des Group Captain durch den Saal. "Meine Herren. In den letzten Tagen verhinderten die Wetterbedingungen den Einsatz unserer Staffel. Die Mechaniker haben diese Zeit dazu genutzt, unsere Bomber in einsatzbereiten Zustand zu bringen, und ich bin stolz darauf, daß ich dem Hauptquartier die 153. Staffel mit dreizehn Lancaster zu einhundert Prozent einsatzbereit melden konnte. Heute nun endet die Zeit der fliegerischen Untätigkeit. Die 1. und 9.US-Armee treten am heutigen 16. November zu einer Offensive an. Aus dem Raum um die westdeutsche Stadt Aachen werden die Truppen nach Osten vorstoßen, um in wenigen Tagen den Rhein zu erreichen. Das Hauptquartier der beiden Armeen hat zur Vorbereitung und Unterstützung dieser Offensive das Bomberkommando der Königlichen Luftwaffe um die Zerstörung von einigen Zielen im Hinterland des Feindes gebeten. Luftmarschall Harris hat dem Ersuchen stattgegeben."

An dieser Stelle wurde der Kommandeur von einem lauten Jubel unterbrochen. Aus fast einhundert Kehlen bahnte sich die Erleichterung über das Ende der Untätigkeit ihren Weg. Rufe der Begeisterung wie "Endlich wieder fliegen", "Es geht los, Jungs" oder "Wurde auch langsam Zeit" waren zu hören. Steve atmete tief ein und entließ die Luft mit einem tiefen Seufzer aus seinen Lungen. Sean McDonald und Raoul Clegg reagierten etwas reservierter. "Kindergarten", quittierte Sean das Geheule im Saal.

Group Captain Mellory hob die Hände, und sofort kehrte wieder Ruhe ein. "Gentlemen, Sie erhalten nun von den Abteilungsleitern alle für diesen Einsatz notwendigen Informationen. Ich übergebe das Wort dem Offizier der Nachrichtenabteilung."

Während der Kommandeur sich setzte, erhob sich Squadron Leader Boswell. Klein und rund gebaut, entsprach er mehr dem Chef der Kantine als einem Angehörigen der Nachrichtenabteilung. Er hing eine Karte auf, die schematisch das Gebiet um Düren herum darstellte. Wichtige Landmarken waren auf dieser Zeichnung besonders hervorgehoben worden, wie Flußläufe, Bahnanlagen und Straßenkreuzungen. Boswell begann mit seinem Vortrag.

"Gentlemen", eröffnete der Squadron Leader seine Rede, "wie der Group Captain bereits erwähnte, ist das Bomber Kommando um Unterstützung einer Offensive gebeten worden. Die Royal Air Force nimmt mit insgesamt 1188 Bombern an dieser Offensive, die den Namen 'QUEEN' trägt, teil. Es handelt sich um eine kombinierte Luft-Boden-Offensive der 1. und 9.US-Armee, deren Ziel es ist, aus dem Raum Aachen heraus zum Rhein vorzustoßen. Den Angriffen der Luftwaffen wird der Vorstoß der Infanterie unmittelbar folgen. Von insgesamt zehn Luftzielen, die sich alle in direkter Frontnähe befinden, werden sieben in den Mittagsstunden von den schweren und mittelschweren Bombern der 8. und 9.US.-Luftflotte angegriffen. Die übrigen drei Ziele sind vom Bomberkommando der Royal Air Force auszuschalten. Der 1. und 5. Bombardment Group ist die Stadt DÜREN zugewiesen worden. Die 1. Bombardment Group greift mit 238 Lancaster an und bildet die erste Welle". Ein Respekt ausdrückender Pfiff erklang aus einer der Stuhlreihen, und sofort wurde ein Stimmengemurmel hörbar. Squadron Leader Boswell sprach unbeeindruckt weiter.

"Das Ziel unseres Angriffs ist, ich zitiere den Einsatzbefehl:'die Zerstörung von Gebäuden und dem darin befindlichen Inhalt, sowie die Blockade von Straßen und Kreuzungen'. Weiterhin führt der Befehl an, daß die gesamte Stadt, beziehungsweise der Ort befestigtes Gebiet ist, in dem der Gegner Nachschub an Truppen und Material lagert." Im Saal war völlige Stille eingekehrt, und die Worte Boswells klangen wie Hammerschläge in den Ohren der Flieger: 'Zerstörung', 'Blockade', 'Gegner', 'Nachschub', 'befestigt'.

"Meine Herren. Der Angriffstermin wurde zwar vom Hauptquartier in High Wycombe vor kurzer Zeit um fünfundvierzig Minuten verschoben, aber wir haben an der Zeit für das Briefing festgehalten. Der Angriff wird somit von 14^{45} Uhr auf 15^{30} verlegt. Im Vorbriefing wurden die neuen Zeiten schon berücksichtigt." Aus dem Saal waren kaum Kommentare zu hören, denn eine solche Nachricht war schon fast zur Routine geworden. Oftmals hatten die Männer schon neben oder in ihren Bombern auf die Starterlaubnis gewartet, um schließlich zu erfahren, daß ein Einsatz ganz gestrichen worden sei. Was war da schon eine dreiviertel Stunde.

"Ich bitte Sie nun, Ihre Aufmerksamkeit der Zielkarte zu widmen", sagte Boswell und trat neben die Tafel. Die Stadt, vielmehr ihre schematische Darstellung, wurde stückweise betrachtet und bewertet. Die Männer kannten weder die Namen der markanten Straßen, noch die lokale Bedeutung einzelner Markierungspunkte auf der Karte. Sie wußten nichts von einem Stadtteil, der 'Grüngürtel' genannt wird, oder wo das Städtische Krankenhaus lag. Das Bahnhofsgelände prägten sich die Besatzungen aber gut ein. Mit seinen vielen Gleissträngen, die sich hier bündelten, um dann als dünne Fäden in alle Himmelsrichtungen aus der Stadt zu laufen, war es aus der Luft sehr gut auszumachen.

Als weiteren Orientierungspunkt merkten sich die Besatzungen den Kreisverkehr im Osten ihres Abwurfgebietes. Die Darstellung der Straßen zeigte, daß von diesem Rondell aus eine Straße hinunter in die Innenstadt führte. Deutlich war der Ring des alten Stadtgrabens zu sehen, der vor langer Zeit die Innenstadt umgeben hatte. Jetzt markierten Straßen seinen ehemaligen Verlauf. Innerhalb des Ringes lagen der Marktplatz mit dem Rathaus, der Ahrweilerplatz mit der Annakirche und die offene Fläche, die von der August-Klotz-Straße, dem Stadttheater, der Marienkirche und dem Museum gebildet wurde. Die Augen der Männer folgten dem Zeigestock: Eine Eisenbahn- und zwei Straßenbrücken führten über den kleinen Fluß.

Squadron Leader Boswell wies darauf hin, daß sich in den Wiesen neben dem Fluß Flak-Stellungen befanden und es im Südosten der Stadt zwei Kasernen gab. Eine solch kleine Stadt und dann zwei Kasernen!

"Also, meine Herren, das ist Ihr Zielgebiet des heutigen Tages", sagte der Squadron Leader und beschrieb einen großen Kreis um das Zentrum. Er betonte die Eckpunkte der Bombardierungszone, indem er seinen Stock an jedem dieser Punkte kurz anhielt.

"Unser Verband wird von dreizehn Jagdflieger-Staffeln begleitet. Ich weise Sie nun noch auf einige Sicherheitsvorkehrungen hin." Die Maßnahmen, die der Sicherheit der Besatzungen dienen sollten, waren schnell aufgezählt: Bleiben Sie in Ihrem Zeitplan. Brechen Sie den Einsatz ab, wenn Ihre Maschine nicht die vorgesehene Höhe erreichen kann oder Probleme mit der Steuerung auftreten. Halten Sie unbedingt Funkstille. "Für den Fall, daß Sie in Gefangenschaft geraten", erklärte der Redner und vermied dabei sorgfältig, von Abschüssen durch die Flak oder Jäger zu sprechen, "in diesem Fall vernichten Sie nach Möglichkeit alle Papiere, die Sie an Bord haben. Verhalten Sie sich gegenüber Ihren Bewachern korrekt, und geben Sie Ihren Namen, Dienstrang und Kennummer an. Keine weiteren Äußerungen, bitte, vor allen Dingen nichts, was mit Politik in Verbindung steht. Sollten Sie einen der Behelfslandeplätze anfliegen müssen oder in befreundetem Gebiet landen, tragen Sie dafür Sorge, daß der Kommandant dieses Flugplatzes unverzüglich benachrichtigt wird. Wir schicken Ihnen dann ein Taxi".

Während sich Squadron Leader Boswell wieder setzte, lachten einige der Männer etwas gequält auf. Nun war der Chefnavigator an der Reihe. Er wiederholte in Kürze, was er zuvor bereits den Navigatoren der Bomber mitgeteilt hatte.

"Ich möchte nochmals auf die Flugstrecke eingehen. Die genauen Angaben über die Koordinaten und so weiter habe ich ja bereits den entsprechenden Leuten weitergegeben." Der Redner übernahm von dem Nachrichtenoffizier den Zeigestock und trat an die Europakarte.

"Von der Basis Scampton aus erfolgt zunächst ein Steigflug bis in etwa 15.000 Fuß Höhe. Der Treffpunkt des Verbandes liegt bei Cotesmore. Dann geht es in Richtung Kontinent. Mit dem Überqueren der französischen Küste beginnen Sie mit einem Sinkflug bis auf 10.000 Fuß. Dies ist auch die Angriffshöhe und die Höhe für den Rückflug. Die gesamte Strecke weist eine Länge von knapp 1350 Flugkilometern auf. Südlich von Lüttich treffen die Strecken unserer Bombergruppe und die der 5. Gruppe zusammen. Gleichzeitig beginnt der Zielanflug auf Düren."

Ein Zeigestock begleitete den Vortrag, lief über die Karte und stoppte an den genannten Stellen. Von den Navigatoren des Hauptquartieres war die Flugstrecke so ausgearbeitet worden, daß die schwerbeladenen Bomber bis kurz vor ihrem Ziel über ein Gebiet flogen, welches von den Alliierten kontrolliert wurde. Mit Ausnahme der Region um Dünkirchen waren somit bis in das deutsch-belgische Grenzgebiet keine deutschen Flakstellungen zu überfliegen.

Steve Phillips Nachbar stieß ihn mit dem Ellbogen kurz an. "Wir werden über denen und wieder weg sein, bevor die wissen, was gespielt wird. Die werden kaum einen Schuß aus ihrer Flak herausbekommen." Die, damit meinte der Pilot die Verteidiger Dürens, und dann fügte er noch hinzu: "Fast ein Übungsflug, im Vergleich zu dem, was wir bislang gemacht haben." Steve hatte nicht richtig zugehört, aber Nicken ist in einer solchen Situation immer noch besser, als nachzufragen. Und so nickte er beiläufig.

"Wie Sie sehen, zeigt der erste Teil des Rückweges zunächst nach Süden, dann Kurs West. Diese Lösung wurde notwendig, um eine Verflechtung mit den Staffeln der 3., 4. und 6. Bombardment Group zu verhindern. Diese drei Groups greifen ein Ziel an, welches etwa elf Meilen nord-westlich von Düren liegt." Alle im Raum konnten sehen, daß der Weg des Bomberstromes nicht über den Rhein führte. Und genau diese Tatsache hatte nicht nur den neben Steve sitzenden Piloten zu seinem Kommentar verleitet. Manch anderer im Saal dachte so wie er. Schließlich beendete der Chefnavigator seinen Vortrag mit der Angabe über die Dauer des Einsatzes: "Der gesamte Einsatz wird knapp fünf Stunden dauern, also weniger, als Sie bislang gewohnt sind." - "Das sitz' ich doch auf einer Backe ab", erscholl aus dem Hintergrund des Saales eine Stimme. Der Chefnavigator konnte ein Grinsen nicht unterdrücken, und sogar der Flugplatzkommandeur fiel in das allgemeine Gelächter mit ein.

Nacheinander erhoben sich die Chefs der verschiedenen Bereiche von ihren Stühlen, traten vor die Besatzungen und gaben ihre Informationen weiter. Jeder, gleichgültig auf welcher Position er in den Bombern seinen Dienst tat, sollte sich soviel merken, wie er nur konnte, denn in der Luft waren die Besatzungen auf sich allein gestellt.

Der Abteilungsleiter "Meteorologie" hielt als Nächster seinen Vortrag. Seine Vorgesetzten im Hauptquartier waren der Meinung, daß sich über dem Kontinent die Sicht verschlechtern würde. Der Meteorologe teilte den Männern also mit, das die Wolkendichte über dem Zielgebiet neunzig Prozent betragen würde und daher keine Bodensicht herrsche. Als Folge müsse ein Blindabwurf der Bomben durchgeführt werden, aber zu diesem Punkt würde der Funkerchef noch einiges sagen. Temperaturangaben, Windrichtungen und -geschwindigkeiten folgten. "Der Cheffunker hat mir zwar versucht zu erklären, wie das OBOE-Verfahren funktioniert, aber das ist nicht mein Metier, ich spiele Klavier." Und damit gab der Meteorologe das Stichwort für den Funkmeister, der jedoch erst einmal das Abflauen des Gelächters abwartete.

Sprüche von der Art, wie sie der Meteorologe getan hatten, sollten die Spannung senken. Inwieweit die erwünschte Wirkung eintrat, das wagte niemand zu bestimmen.

Nachdem wieder etwas Ruhe eingetreten war, machte es der Abteilungsleiter "Funk" kurz und knapp. Über dem Ziel werde ein Masterbomber kreisen. Dieser habe den Rufnamen RODNEY, und logischerweise hieße sein Stellvertreter demnach RODNEY 2. Die Anweisungen des Masters würden sich auf das Zentrum der durch die Brände entstehenden Rauchsäule beziehen. Der Rufname der Hauptflotte sei SAMSON, die Funkfrequenzen seien die 6440 und, als Ersatz, die 5330. Etwa fünfzehn Minuten vor dem Eintreffen über dem Ziel werde der Master Bomber die Frequenzen prüfen. Dazu werde er das Wort BASEMENT funken. Sollte das Unternehmen abgebrochen werden, wäre das Codewort hierfür LEMON PIE.

Eigentlich wußte Mathew Wilson nicht genau, warum er gerade jetzt seinen Kameraden Gilbert Norbridge angrinste, aber Mathew fühlte, wie langsam die Spannung der Ungewißheit von ihm wich. Gilbert jedenfalls grinste zurück.

"Ich möchte Sie alle nochmals darauf hinweisen, daß nach dem Start absolute Funkstille einzuhalten ist." Bei diesem Satz klang die Stimme des Chefs auffallend unangenehm. Alle kannten dieses Verbot und wußten, daß nur in absoluten Notsituationen dieser Befehl von den Flugzeugbesatzungen mißachtet werden durfte. Das Abhören der gegnerischen Funkfrequenzen war eine Möglichkeit der deutschen Luftabwehr, Informationen über die Stärke und das Ziel eines Bomberverbandes zu bekommen. Darüber hinaus aber wurden auch Radarstrahlen eingesetzt. Als Gegenmaßnahme hatten sich Streifen aus Staniolpapier bewährt, die die Radarwellen reflektierten und deren Auswertung unmöglich machten. Die "Window" genannten Streifen wurden unmittelbar vor Erreichen des Zielgebietes von dem Bombenschützen aus einer kleinen Lucke im Bug des Bombers abgeworfen. So hoffte man auf britischer Seite, den Deutschen die wahre Anzahl der angreifenden Bomber verschleiern zu können.

Der Cheffunker kehrte auf seinen Platz zurück, und der Waffenmeister übernahm sowohl das Wort, als auch den Zeigestock. Keiner der Anwesenden wußte, was dieser Mann mit einem Stock anfangen sollte. Doch es gibt Menschen, die brauchen in bestimmten Momenten einen Halt. Für den Waffenmeister war dies ein solcher Moment, obwohl er selbst eine Haltung einnahm, die vermuten ließ, er habe den berühmten Ladestock verschluckt. "Ähm, ja. Wie Sie schon gehört haben, wird die 1. Bombardment Group den Angriff auf Düren eröffnen." Der Waffenmeister verdiente seinen Spitznamen "Commander Äh" vollkommen zu Recht. "Wir werden zu zwei Dritteln reine Sprengladungen werfen. Das letzte Drittel unserer, äh, Bombardment Group führt dann Brandbomben mit. Für jeden Bomber unserer Staffel besteht die Ladung aus einer 4000 Pfund Bombe, 2100 Brandbomben zu je 4 Pfund und 60 Brandbomben des 'X-Typus'. Die Brandbomben sind, wie üblich, in, äh, Container verpackt."

Die Männer kannten das Verfahren und auch seine Wirkung: Die Bomben und Container wurden durch Sperriegel im Bombenschacht festgehalten. Der Druck auf den Auslöseknopf schloß einen Stromkreis, über den Magnete diese Sperriegel aus den Hängeösen der Bomben zogen. Die Bomben fielen der Erde entgegen, und ihre Spitzen gelangten aus der Waagerechten immer weiter in die Senkrechte.

Bei den Brandbomben ergaben sich zwei Probleme: Erstens durften sie sich im Fallen nicht zu weit voneinander entfernen, da sie am Boden einzeln leicht zu bekämpfen waren, und zweitens sollten sie zur gleichen Zeit am Boden explodieren. Die Lösung dieser Probleme stellten die Container dar. Die Behälter fielen zunächst geschlossen aus dem Bomber. Durch den zunehmenden Luftdruck öffneten sie sich nach einiger Zeit und gaben die Brandbomben frei. Dicht beieinander bleibend, trafen sie fast gleichzeitig am Boden auf. 150 Bomben mit leicht entzündlichem Inhalt detonierten in kurzen Abständen und verursachten einen Feuerball, der ein größeres Areal in Flammen hüllte.

"Wie gewöhnlich führt jeder Bomber eine Bordkamera mit", sagte der Waffenmeister. "Halten Sie also nach dem Ausklinken Ihren Kurs für dreißig Sekunden bei, bevor Sie abdrehen". Weitere Hinweise an die Besatzungen folgten.

"Äh, vergessen Sie nicht, daß etwa fünf Meilen vor dem Ziel die Linien der US-Infanterie liegen. Lösen Sie ihre Bomben also nur bei sicherer Identifizierung des Zieles aus." Der Offizier machte eine kurze Pause, um seine Worte wirken zu lassen.

"Bei zweifelhafter Zielidentifikation werfen Sie keine Bomben ab. Das gilt auch für die Zeit vor der Stunde 'H' um 15^{30} Uhr; also keinesfalls Abwürfe vor 15^{30} Uhr." Wieder unterbrach er seinen Vortrag, und dann wandte er sich an diejenigen, die die wichtigste Aufgabe innerhalb der Besatzungen hatten: "Die Navigatoren haben, äh, ab der französischen Küste die Zeitplanung genauestens zu prüfen und auch einzuhalten."

Der Wing Commander fuhr in seiner Belehrung fort: "Ich möchte nochmals die Bombenschützen ansprechen: Äh, ja, orientieren Sie sich bitte an den roten Zielmarkierern, den roten. Falls Sie gelbe Leuchtkörper sehen, so zeigen diese Fehlwürfe an. Der Treibstoff wurde entsprechend dem Einsatzauftrag und der Flugzeit bemessen. Die Bordmaschinengewehre wurden mit ausreichender Munition des, äh, üblichen Types bestückt." Da dieser Satz stets den Vortrag des Waffenmeisters beendete, hatten einige Spaßvögel diesen Satz halblaut mitgesprochen. Ein wütender Blick war dann auch die postwendende Antwort von 'Commander Äh', bevor dieser sich wieder hinsetzte. Wollten diese Burschen ihn etwa nicht ernst nehmen?

Doch damit war die Besprechung immer noch nicht zu Ende, denn nun erhob sich der Mann, der in der Luft die Staffel kommandierte. Der Squadron-Commander wendete sich an seine Kameraden: "Ich bitte Euch nun, mir einige Momente zuzuhören. Der heutige Einsatz kann uns alle dem Ende dieses Krieges um ein gutes Stück näher bringen. Die Voraussetzung dafür ist, daß die Offensive erfolgreich verläuft. Die Hauptquartiere haben ihren Teil zum Gelingen des Unternehmens beigetragen. Jetzt liegt es an uns. Paßt auf die gegnerische Flugabwehr auf.

Wir alle haben schon davon gehört, daß die Deutschen einen neuen Jäger einsetzen, der wegen seines Düsenantriebes schneller ist, als alles bislang Gesehene. Die MG-Schützen seien also besonders auf der Hut. Ich weiß, wie sehr wir alle auf einen Einsatz gewartet haben, und ich weiß auch, daß ich mich auf Euch verlassen kann."

Nun folgte noch der Zeitvergleich, bei dem alle Anwesenden ihre Uhren auf die Zeit einstellten, die der Squadron Commander von seinem Chronometer ablas. Beendet wurde das Briefing, indem jedes Besatzungsmitglied ein Überlebenspaket erhielt. Der Inhalt dieser Plastikbox bestand aus Nahrungskonzentraten, auf Seidentüchern gedruckten Landkarten, Streichhölzern, Entkeimungstabletten und anderen nützlichen Kleinteilen. Diese Pakete mußten nach der Landung wieder abgegeben werden.

Im Gegenzug leerten die Männer ihre Uniformen und sortierten alle Gegenstände aus, die ihnen privat gehörten oder Rückschlüsse auf ihre Staffel oder ihren Heimatflugplatz zuließen. Alle diese Gegenstände verschwanden in Leinenbeutel, auf denen der Name des Besitzers stand. Diese Beutel nahm der Staffelkommandeur in Obhut, und falls einer der Männer nicht mehr zurückkehren sollte, war so sichergestellt, daß seinen Angehörigen diese persönlichen Habseligkeiten zugesandt wurden.

Wie hier in Scampton waren auf allen Flugplätzen des Bomberkommandos in diesem Moment die Einsatzbesprechungen beendet worden. Über den Basen der US-Luftflotten nahmen zur gleichen Zeit die Mitchell-Bomber der 9. Luftflotte und die Fliegenden Festungen der 8. Luftflotte Kurs auf die Straße von Dover. Geschützt wurde die Armada durch 151 Jagdflugzeuge, von denen einige einen Behälter unter ihrem Rumpf trugen. In diesem Kasten war eine Luftbildkamera angebracht, und der Befehl für die Piloten dieser Maschinen lautete: Überfliegen Sie die Orte Düren, Jülich und Heinsberg und machen Sie Aufklärungsbilder von den Städten und ihrer Umgebung. Unmittelbar vor und bald nach dem Angriff sollten Bilder der Zielgebiete gemacht werden, um so die Ergebnisse des Bombardements mit den gesteckten Zielen zu vergleichen.

Luftmine

11³⁰ Uhr, SCAMPTON

Dem Ritus der Einsatzbesprechung folgte ein weiterer: Offiziere und Mannschaftsdienstgrade waren in ihre Messen gegangen und hatten dort eine Mahlzeit erhalten. Es gab genau drei Anlässe, bei denen der Unterschied zwischen Offizieren und Mannschaften aufgehoben wurde: Vor einem Einsatz erhielten sie alle das gleiche Essen, wobei viele Dinge auf dem Speiseplan standen, an denen es der Zivilbevölkerung mangelte. Eines aber gab es nie: Bohnen und ähnliche Gewächse. Bitten um eine derartige Köstlichkeit von seiten der Flieger wurden abgewiesen. Explosionen seien außerhalb der Flugzeughüllen besser, basta.

Der zweite Anlaß zur Gleichstellung aller war der Start in einen Einsatz. Im Ernstfall zählte nur das Können des Einzelnen. Aufsummiert ergab sich eine gut eingespielte Besatzung, bei der es keinen Major oder Unteroffizier gab. An Bord sprach man sich mit dem Vornamen an, um groteskerweise, kaum daß man wieder Boden unter den Füßen hatten, zurück in Formalia zu fallen.

Von der dritten Möglichkeit, die Unterschiede nichtig werden zu lassen, wurde nie gesprochen.

Während die Navigatoren nach dem gemeinsamen Mahl in den Besprechungsraum zurückkehrten, um ihre Unterlagen zu komplettieren, hatten sich die übrigen Männer in einer überdimensionierten Umkleidekabine eingefunden. Jede Besatzung hatte einen gemeinsamen Schrank, in dem sie ihre Flugkleidung aufbewahrte. Nun waren die Flieger damit beschäftigt, ihre Uniformen gegen diese Spezialkleidung zu tauschen, so auch Raoul Clegg.

Über seiner Unterwäsche aus Seide trug Raoul ein Hemd und einen Pullover aus dicker Wolle. Darüber zog er den aus Hose und Jacke bestehenden Kampfanzug. Seine Füße steckten in normalen Socken, deren wärmende Wirkung von einem

Paar gamaschenartiger Strümpfe verstärkt wurde. Dann stülpte Raoul die mit Leinen und Lammfell gefütterten Fliegerstiefel über seine Füße.

Zusätzlich zu dieser Ausrüstung standen den beiden Maschinengewehrschützen Jacken zur Verfügung, in deren Stoff Metallfäden eingewebt waren. Diese Fäden endeten in einem Stecker, der während des Fluges in die Niederstromleitung der Lancaster gestöpselt wurde. Auf diese Art waren die Jacken heizbar und sollten die beiden in exponierter Stellung tätigen Männer zusätzlich vor der bitteren Kälte in der Höhe schützen. Gleiches galt für ein Paar dicke Fliegersocken und eine Hose. Die Männer hatten zunächst Skepsis bekundet: 'Gegen Strom in der Hose habe man grundsätzlich nichts einzuwenden, aber überall am Körper so etwas Gefährliches müsse doch wohl nicht sein'. Nach den ersten Einsätzen war dann aber Begeisterung über die neue Erfindung zu hören gewesen.

Keiner der Männer sprach ein Wort, während sie sich ankleideten. Jeder war mit sich selbst und seinen Kleidungsstücken vollauf beschäftigt. Sorgfalt war oberstes Gebot, denn nach dem Start waren Korrekturen an der Kleidung kaum noch möglich.

Angehörige anderer Besatzungen hingegen hatten während des Einkleidens gescherzt und belanglose Gespräche geführt.

Nachdem er sich soweit umgezogen hatte, reihte sich Raoul in eine Schlange ein, die vor einem Tresen auf die Ausgabe einiger Ausrüstungsgegenstände wartete. Nochmals kontrollierte er, sich gleichzeitig mit der Reihe vorwärts bewegend, seine Kleidung. Irgendjemand stupste ihn von hinten an. Raoul drehte sich um und sah in das Gesicht von Peter. "Ist was?" wollte Raoul wissen. "Nein, Entschuldigung", erwiderte sein Kamerad, "ich hatte nicht aufgepaßt".

Aus dem hinteren Teil der Warteschlange ertönte eine laute Stimme: "Hey, ihr da vorn! Macht mal etwas schneller, sonst ist der Krieg aus!" Offizier Clegg drehte sich wieder nach vorne. Er war nun der erste in der Reihe, und ein korpulenter

Unteroffizier knallte soeben einen Fallschirm auf den Tresen. Offenbar machte Raoul dabei einen etwas skeptischen Eindruck auf sein Gegenüber. Der Unteroffizier nahm die Pose eines Handelsvertreters ein und meinte trocken: "Schauen Sie nicht so, Sir. Ich versichere Ihnen, daß das Ding geprüft ist, und falls er doch nicht funktionieren sollte, bringen Sie es mir zurück und füllen bitte ein Reklamationsformular aus." Raoul nahm das Ausrüstungsteil vom Tresen und ging zu seinem Spind zurück. Dort zog er das Hängegeschirr, in das der Fallschirm vor einem etwaigen Absprung eingehakt wurde, und schließlich die Schwimmweste an. Diese Weste erhöhte selbst bei schmächtigen Männern den Brustumfang erheblich, und so hatte sie in Anlehnung an eine bekannte Schauspielerin einen Spitznamen bekommen: Mae West. Bevor er sein Spind wieder verschloß, entnahm ihm der Sergeant als letzte Gegenstände seinen Fliegerhelm, ein Paar Handschuhe, die Schutzbrille und die Sauerstoffmaske, in die ein Mikrophon für die Bordsprechanlage eingebaut war.

Eine Türe führte unmittelbar vom Ankleideraum aus dem Gebäude, vor dem sich ein kleiner Betonplatz befand. Gemeinsam gingen die Männer der 'Lady Anne' über diesen Platz hin zu der Stelle, an der aus dem Platz ein Fahrweg wurde. Hier standen kleine Busse, die die vollbepackten Bomberbesatzungen zu ihren Flugzeugen bringen und nach dem Einsatz auch dort wieder abholen sollten. Als Fahrer waren hauptsächlich Angehörige des weiblichen Hilfscorps der Royal Air Force eingeteilt. Schwerfällig kletterten die Männer auf den Wagen und ließen sich auf die Bänke plumpsen. Fahrerin Elisabeth Grange kannte die Besatzung der 'Lady Anne' und wußte genau, warum die freundliche Begrüßung ihrerseits mit einem knappen "Hallo Liz" beantwortet wurde.

Der Motor heulte kurz auf, und der Wagen fuhr an. Über den Taxiweg rollte das Fahrzeug an den Standplätzen der Bomber vorüber. Einige Besatzungen waren bereits an ihren Flugzeugen angekommen. Sobald der Bus einen dieser Plätze passierte, wechselten Grüße und Wünsche für einen guten Flug zwischen den Männern dort und denen im Bus hin und her. Dann blieb der Transporter vor 'Lady Anne' stehen. Steve und seine Kameraden stiegen ab.

"Danke für's Mitnehmen, Fräulein", sagte Sean McDonnald zu der jungen Fahrerin und fügte, um sie etwas in Verlegenheit zu bringen, hinzu, "und sehen Sie zu, daß Sie vor dem Dunkel wieder zu Hause sind". - "Gern geschehen", war die Antwort, "ich hatte sowieso in der Gegend zu tun, und mit alten, unbeweglichen Herren habe ich immer Mitgefühl". Die Männer lachten wegen der Schlagfertigkeit. Die Fahrerin wendete den Bus und rief, bevor sie wieder zurückfuhr, laut: "Alles Gute und Hals- und Beinbruch, Jungs", dann brauste sie los.

Jedem Bomber war eine Gruppe von Männern zugeteilt, die am Boden für die Einsatzbereitschaft der Maschine verantwortlich waren. Der Leiter der für die 'Lady Anne' zuständigen Mannschaft trug eine imposante Oberlippenzierde, die ihm seinen Spitznamen eingetragen hatte. Flight-Sergeant 'Schnautzbart' nahm Haltung an: "Sir", sagte er zu Steve, "melde Flugzeug startbereit. Maschine ist aufgetankt und nach Anweisung munitioniert. Startaggregat angeschlossen und Bodenmannschaft klar zum Start". Steve salutierte kurz: "Danke, dann wollen wir wieder mal." Während die anderen in die Lancaster stiegen, gingen Steve und Sean in Begleitung des Chefs der Bodenmannschaft um die 'Lady Anne'. Sie schauten nach, ob aus Leitungen Flüssigkeiten austraten, oder ob die Außenhaut grobe Beschädigungen aufwies.

Bombenschütze Mathew Wilson ging unter das Flugzeug und blickte zunächst in die Öffnung vor dem Bombenschacht, hinter der die Bordkamera montiert war. Dann ging er einige Schritte weiter und befand sich inmitten der tödlichen Fracht: Im vorderen und hinteren Teil des Bombenschachtes hingen in zwei Reihen jeweils drei Container, in denen sich die Brandbomben befanden. Genau in der Mitte des Schachtes hing die Luftmine. Die 4000 Pfund hochexplosiven

Sprengstoffes waren in einem Behälter verpackt, der einem Öltank glich. Mathew Wilson entfernte die Sicherungsstifte der Zünder, und somit konnten die Bomben während des Fluges scharf gemacht werden. Dann kletterte der Bombenschütze ebenfalls in die 'Lady Anne' und überprüfte in der gläsernen Nase seine Geräte. Zuletzt verstaute er noch seinen Fallschirm in einem entsprechenden Fach.

Der Rundgang war beendet. Steve quittierte den flugbereiten Zustand des Bombers durch Unterschreiben des Formblattes Nummer 700 und war somit für die 'Lady Anne' verantwortlich. Dann wandte sich der Pilot an Flight-Sergeant 'Schnautzbart': "Danke, alles bestens. So wie immer." 'Schnautzbart' riß kurz die Hacken zusammen und gab dann seinen Leuten den Befehl, sich auf ihre Positionen zu begeben, während Sean und Steve in die Lancaster kletterten. In dem Flugzeug hatten die beiden MG-Schützen Peter Radcliffe und Gilbert Norbridge die Plexiglaskuppeln ihrer Gefechtsstände auf Schäden überprüft. Dann hatten sie noch einen Blick auf die Munition geworfen: Art und Menge stimmten. Funker Raoul Clegg war mit der Prüfung der Funkgeräte und der Einstellung der Frequenzen ebenfalls fertig.

Steve kletterte auf seinen Pilotensitz. Als einziger der Besatzung hatte er ständig seinen Fallschirm angelegt, der ihm während des Fluges auch als Sitzpolster diente. Alle anderen an Bord mußten ihre Schirme in Staufächern unterbringen. Pilot und Flugingenieur begannen nun, die Maschine den üblichen Tests und Checks zu unterziehen.

Sean las die Punkte auf der Liste vor, und Steve meldete die Ergebnisse.

"Ich habe den Verteilerhahn für Sauerstoff auf *offen* gestellt. Wie hoch ist der Druck?"

"Druck ist 1200."

"Elektrohauptschalter auf *Flug*."

"Hauptschalter auf *Flug*, gecheckt."

"Kraftstoffhaupthahn auf *geschlossen*."
"Ist *geschlossen*."
"Tankanzeige *an*."
"Ist *an*."

Als nächstes notierte Sean in seinem Logbuch den Füllungszustand der Tanks: Die beiden Innentanks je 1280 Liter, die mittleren Tanks je 840 und die Außentanks jeder 251 Liter. "Knapp 2400 Liter", meldete er seinem Piloten. "Na prima", antwortete Steve, "das reicht für einen ordentlichen Ausflug. Machen wir weiter". Als letzter Punkt stand das Einschalten von zwei Kontrollampen auf der Checkliste.

"Ok", sagte Steve, und sein Flugingenieur brachte den Stromschalter in die Stellung *Boden*. Dann verband er einen kleinen Prüfkasten mit der Anzeigetafel auf der rechten Cockpitseite. Nacheinander schob er die sechs Hebel der Benzinpumpen in die Teststellung, und jedesmal sprang der Spannungszeiger in dem Kasten auf knapp vier Ampere. Sean nickte befriedigt zu seinem Piloten herüber und zog den Stecker wieder aus der Anzeigetafel. Die Startvorbereitungen an Bord wurden durch die Grundeinstellungen der Motoren abgeschlossen: Kühlergrill öffnen, Propellerstellung auf Automatik, Drosselklappen etwas öffnen, Sicherheitsschalter an, Ladedruck mittel.

Steve blickte aus dem linken Fenster seiner Pilotenkanzel auf einen Soldaten aus der Bodenmannschaft, der sofort seinen Daumen nach oben hielt. Steve hob seinerseits den Daumen. Die Männer außerhalb des Bombers packten die vier Propeller und drehten sie zweimal um die Motorenachsen. Anschließend traten sie vor die Lancaster, damit Steve sie sehen konnte. Sean öffnete die Treibstoffleitungen zu den mittleren Tanks. Die Bodenmannschaft war aus dem Gefahrenbereich der Propeller getreten.

Instrumententafel einer Lancaster   *Der Bombenschacht*

Leitstelle des Bomberkommandos

Mitglieder der 576. Squadron (2. v. links F/O Dennis Steiner)

In Abständen von 30 Sekunden drückte der Flugingenieur die Startknöpfe der Motoren in einer festen Reihenfolge: rechter innerer Motor - die Haupthydraulik wurde mit Energie versorgt; linker innerer Motor - die Kraftpumpen der Bremsen liefen mit an; linker äußerer Motor - die Hydraulik der MG-Stände war betriebsbereit. Als letzten startete Sean den rechten Außenmotor. Hustend und spuckend sprangen die Maschinen an, um dann in ein gleichmäßiges Brummen zu fallen. Die Kontrollinstrumente zeigten einen störungsfreien Betrieb der Aggregate an.

Die Motoren liefen langsam warm, und sowohl Steve, als auch Sean beobachteten sorgfältig die Zeiger der Instrumententafeln. Steve griff einen Hebel, der links neben seinem Sitz angebracht war, und zog ihn nach oben. Sofort schlossen sich die Tore des Bombenschachtes. Als die Betriebstemperatur für alle vier Motoren erreicht war, schauten sich Pilot und Flugingenieur an, und Steve nickte zufrieden. Da noch etwas Zeit bis zu ihrem Start verblieb, stellte Sean die Antriebsaggregate wieder ab.

Als sich die Mannschaft anschickte, die 'Lady Anne' wieder zu verlassen, hielt erneut ein Transporter vor der Parkbucht, und Mike Gibson kletterte heraus. Er hatte seine Unterlagen fertiggestellt und war dann erst in den Umkleideraum gegangen. Nun trug er seine Ausrüstung zu der Lancaster, stieg in die Maschine und führte ebenfalls Tests durch, die seinen Arbeitsauftrag betrafen.

Dann stieg auch er nochmal aus und trat an das Heck des Bombers. Dort knöpfte er seine Hose auf und tat das, worauf er in den nächsten Stunden verzichten mußte.

Die nächsten Minuten boten die letzte Gelegenheit, in einer kleinen Blechhütte am Rand der Parkbucht eine Zigarette zu rauchen und ein Schwätzchen mit der Bodenmannschaft zu halten. Schließlich blickte Navigator Gibson auf seine Uhr: "Es ist Zeit. Gehen wir!" Die sieben Männer gingen auf das Flugzeug zu. Weil sich die Besatzung anläßlich ihres ersten Feindfluges beim Besteigen der Lancaster kräftig gegenseitig behindert und es in dem engen Rumpf ein paar Beulen gesetzt hatte, war eine bestimmte Reihenfolge festgelegt worden, in der die Männer an Bord gingen. Ganz im Sprachgebrauch einer Hochschule hatte Mike Gibson diesen Teil als "Das Einsteigen in einen schweren Bomber mittels wohlgeordneter Reihenfolge und Würde unter Mißachtung aller Ränge" getauft. Mathew Wilson, der Bombenschütze, machte den Anfang, dann folgten Pilot Steve Phillips, Flugingenieur Sean McDonald, der hinter der Einstiegsluke den Haupthahn der Sauerstoffversorgung auf "AUF" drehte, Navigator Mike Gibson, Funker Raoul Clegg und Gilbert Norbridge, der die Maschinengewehre im oberen Drehturm bediente. Den Schluß bildete Heckschütze Peter Radcliffe, der die Einstiegsleiter in den Bomber zog. Hinter ihm wurde die Türe geschlossen. Sergeant Radcliffe prüfte, ob das Türschloß arretiert war und klopfte dann gegen das Blech, als Zeichen, daß alles in Ordnung war. Auf das "Cheerio" der Besatzung antwortete die Bodencrew mit "Viel Glück". Die Männer in der Lancaster wußten, daß 'Schnautzbart' mit seinen Männern auf ihre Rückkehr warten würde. So war es bei jedem Einsatz gewesen. Auch als die 'Lady Anne' vor etwa drei Wochen ziemlich gerupft und längst überfällig nach Scampton zurückgekehrt war, hatten die Mechaniker auf dem Schutzwall gestanden und sich nach der Landung sofort der Besatzung und noch mehr des Flugzeugs angenommen.

Um in den vorderen Teil des Bombers zu gelangen, stieg Flight-Sergeant Wilson zunächst über die hintere Querstrebe, die die beiden Tragflächen verband, auf die innere Abdeckung des Bombenschachtes. In einer hockenden Haltung arbeitete er sich bis zu dem vorderen Querholmen vor, auf den sich Mathew Wilson nun setzte. Soweit es der Fliegeranzug zuließ, zog er seine Beine an den Körper und drehte sich dann um 180°. Er war fast an seinem Ziel angekommen. Vorbei an den Sitzen des Funkers, Navigators und Piloten mußten jetzt noch zwei Stufen nach unten genommen werden, dann hockte der Bombenschütze an seinem Arbeitsplatz.

Mathew richtete sich vorsichtig auf und zwängte seinen Oberkörper in den vorderen MG-Stand.

Steve Phillips, Sean McDonald, Mike Gibson und Raoul Clegg folgten unmittelbar und nahmen ihre Positionen ein.

12^{46} Uhr, SCAMPTON

Steve hatte auf dem Pilotensitz Platz genommen, und sein Flugingenieur stand neben ihm. Jetzt wurden die Motoren erneut gestartet, und nach wenigen Minuten erfüllte ein undurchdringlicher Lärm die Luft in und um die Lancaster. Genau der richtige Moment, die Bordsprechanlage zu prüfen. Steve forderte seine Crew auf, sich zu melden. Nacheinander hörte er die vertrauten Stimmen der beiden MG-Schützen, des Bombenschützen und des Funkers. Schließlich vernahmen alle an Bord, was Navigator Gibson mitzuteilen hatte: "Bei mir ist alles in Ordnung, Steve. Kompanten klar, Karten liegen bereit und, äh, der Sauerstoffanschluß ist geprüft". Sean und Steve schauten sich an und grinsten beide.

Ein letzter Test folgte: Die Einstiegslucke war geschlossen, der Elektrohauptschalter war auf Flugbetrieb gestellt, der Bremsendruck war gut. Die Bremskeile waren von den Rädern entfernt und das Startaggregat von dem Bomber fortgezogen worden. Steve bewegte über die Pedale und den Steuerknüppel noch einmal die Ruder. Dann erhöhte Sean die Drehzahl der Motoren, und langsam setzte sich die 'Lady Anne' in Bewegung. Während der Bomber anrollte, salutierte die Bodencrew.

Flight Officer Phillips steuerte 'Lady Anne' von ihrem Stellplatz auf den Taxiweg und reihte sich so in die Schlange der Bomber ein. Im Gänsemarsch rollten die Flugzeuge an den Beginn der Startbahn. Unterwegs ging Sean eine letzte Liste durch, an deren Ende er die Flügelklappen auf 20 Grad Neigung einstellte. Bomber nach Bomber schwenkte nun auf die Startposition, erhielt die Freigabe und donnerte, immer schneller werdend, die Asphaltpiste hinunter. Die Bahn war nun frei, Bomber und Besatzung startbereit.

Die 'Lady Anne' schwenkte auf die breite Asphaltbahn. Steve und Sean blickten zu einem Lastwagen am Ende der Startbahn, auf dessen Kastenaufbau eine Lampe angebracht war. Es war genau vier Minuten nach dreizehn Uhr, als die

Lampe grün aufleuchtete. Flugingenieur McDonald schob die vier Gashebel nach vorn, die Motoren heulten auf, und der Bomber gewann immer mehr an Geschwindigkeit. Steve Phillips umfaßte den Steuerknüppel etwas fester. Nach knapp tausend Metern verlor das Heckrad den Bodenkontakt, und als der Tachometer 100 Meilen in der Stunde anzeigte, zog Offizier Phillips sanft den Steuerknüppel zu sich heran. Ein leichter Ruck ging durch die Lancaster, und sie stieg in den Himmel.

Während mit der 'Lady Anne' sieben junge Männer in eine andere Welt gehoben wurden, winkten ihr am Boden viele Hände nach - alle, die nicht für diesen Einsatz befohlen waren, hatten sich neben der Startbahn an dem Punkt eingefunden, an dem die Bomber abheben würden, und entboten den Besatzungen einen letzten Gruß. Sogar Group Captain Mellory und seine Frau befanden sich unter den Winkenden.

Sean holte das Fahrwerk in die Flügel ein, öffnete die Außentanks und schloß die mittleren beiden. In knapp 300 Metern Höhe ließ Sean die Flügelklappen einfahren, und die 'Lady Anne' nahm leicht ihre Nase nach unten. Navigator Gibson notierte in sein Logbuch: "13^{06}Uhr, haben abgehoben."

13^{42} Uhr, SCAMPTON

Seit dem Start waren mehr als dreißig Minuten vergangen, und Steve hatte die Lancaster zunächst im Steigflug nach Westen gesteuert. Dann hatte er gewendet, und die 'Lady Anne' war nun in einer Höhe von 12500 Fuß wieder über dem Flugplatz Scampton angekommen.

Mike legte den Schalter seiner Sprechanlage um: "Skipper, wir können auf Kurs 197 Grad gehen und weiter bis auf 15000 Fuß steigen." - "Ok, setze Kurs 197", bestätigte Steve, "momentane Höhe 12500 Fuß". Um die geforderte Flugrichtung von 186 Grad einzuhalten, mußte wegen der Abdrift durch den Wind der Kurs um 11 Grad korrigiert werden. Der Pilot drehte das Flugzeug Richtung "Süd", und als die Kompaßnadel über der Zahl 197 stand, brachte Steve die Lancaster in eine gerade verlaufende Flugbahn. Gleichzeitig verlangsamte er den Aufstieg des Bombers, indem er den Steuerknüppel sanft etwas von sich wegschob. Ein kurzer Augenblick des Durchatmens für den Piloten und seinen Flugingenieur, den beide dazu nutzten, um den Blick von den Instrumenten weg auf das Geschehen am Himmel zu richten.

Aus den Fenstern und Drehtürmen bot sich ein Anblick, bei dem manchem Augenzeugen ein Schauer den Rücken hinunterlief: Wohin sich die Blicke auch wendeten, überall trafen sie auf Bomber, die unter einem blauen Himmel, fast auf den Wolken reitend, einem Ziel entgegenflogen. Über, unter, neben, vor und hinter der 'Lady Anne' blinkten die Stahlhüllen von unzähligen Lancaster in der Sonne. Immer mehr Viermotorige durchstießen die Wolkendecke und schlossen sich der Armada an.

Die Bomber der 153. Staffel hielten sich an den vorgegebenen Zeitplan: 13^{52} Uhr Kurs 146 Grad an Wendepunkt B, um 14^{20} Uhr überflogen sie in fünf Kilometern Höhe die englische Kanalküste oberhalb der Themsemündung. Sie hatten nun Punkt C erreicht und änderten den Kurs auf 127 Grad.

14⁴⁰ Uhr, DÜNKIRCHEN

Der Arbeitsplatz des Lancaster-Navigators bestand aus einem kleinen, spärlich beleuchteten Tisch, auf dem er seine Karte ausbreitete, den Kurs berechnete und die Daten in dem Logbuch und der Karte notierte. Rechter Hand trennte den Navigator ein Vorhang von dem Cockpit, linker Hand blickte er gegen einen Turm von Sendern und Empfängern, hinter denen der Funker seinen Dienst tat. Als Navigationshilfe standen zwei unterschiedliche Systeme zur Verfügung, doch die wenigsten Bomber verfügten über beide Hilfen.

Die neueste Entwicklung hieß H2S. Unter dem Bauch des Flugzeuges rotierte in einer Halbkugel ein Taststrahler, der auf einer Kathodenröhre ein undeutliches, aber verwertbares Bild der überflogenen Landschaft produzierte. In anderen Maschinen, so auch in der 'Lady Anne', war auf der linken Seite des Navigatorenplatzes ein Kasten eingebaut, in dem sich der Flugteil eines als GEE bezeichneten Systems befand. Drei weit auseinander positionierte Bodenstationen in England schickten Impulse aus, die von dem Flugzeug empfangen wurden. In dem Kasten an Bord der Lancaster wurde aus den unterschiedlichen Zeitintervallen, mit denen die Signale empfangen wurden, der derzeitige Standort des Flugzeuges bis auf 400 Meter genau berechnet. Die Reichweite des Systems war begrenzt und abhängig von der Höhe und der Entfernung des Empfängers. Zusätzlich konnte das System durch Störstrahlen der Deutschen unbrauchbar gemacht werden.

Ohne GEE und H2S mußte der Navigator auf die altbewährte Methode des Sextanten und der Astropeilung zurückgreifen, um die jeweilige Position seines Flugzeuges zu berechnen.

Hier und heute aber funktionierte das System einwandfrei, und Mike übertrug die Meßwerte in die Karte und das Logbuch.

Vor wenigen Minuten hatte Mathew über die Bordsprechanlage gemeldet, daß er die Zünder der Bomben scharfgemacht hatte. Daß er genau über den Bomben saß, daran verschwendete Mike jetzt keinen Gedanken, auch das Rütteln des Bombers beeindruckte ihn nicht. Er nahm vielmehr erneut Kontakt mit seinem Piloten auf, und prompt meldete sich Steve.

"Steve, wir müßten soeben die französische Küste überfliegen", meldete er seinem Piloten, "du solltest jetzt auf 11000 Fuß absteigen". Steve wiederholte, daß er nun die Lancaster auf eine Höhe von umgerechnet knapp 3600 Metern sinken lassen werde. "Richtig", sagte Mike und fügte hinzu: "Du hast dazu etwa zehn Minuten". - "Ist machbar", entgegnete Steve, "Übrigens sind wir mit Sicherheit über Dünkirchen, denn soeben beschießt uns die Flak!" Das also waren die Turbulenzen gewesen, die Mike gespürt hatte.

Als Steve den Steuerknüppel wieder etwas von sich wegdrückte, beendete Sean gerade seine Eintragungen über Motorleistungen und Benzinvorräte und beobachtete nun die Anzeiger des Höhenmessers. Die 'Lady Anne' war von der Flugabwehr nicht beschädigt worden.

Bislang war der Flug, abgesehen von dem soeben durchquerten Flakfeuer, ruhig und exakt nach Zeitplan verlaufen. Die schwarzen Wattebällchen, die die explodierenden Granaten am Himmel erzeugt hatten, waren ein deutlicher Hinweis an die Besatzungen gewesen, daß sie sich ab sofort auf Gegenwehr einstellen mußten.

Der Höhenmesser zeigte 11000 Fuß. Steve brachte die Lancaster in eine waagerechte Flugposition und meldete sich bei seinem Navigator. "Gut, Skipper", sagte Mike, "wir haben jetzt unsere Angriffshöhe erreicht. Neuer Kurs 104 Grad".

Zwischen der britischen und der kontinentalen Zeit liegt ein Unterschied von genau einer Stunde. Während des Krieges hatte die Royal Air Force diesen Unterschied aufgehoben und sich der mitteleuropäischen Zeit angepaßt. Die beiden Vorteile waren, daß einerseits bei Nachteinsätzen bereits in der Dämmerung gestartet werden konnte, während auf dem Kontinent bereits Nacht war, andererseits ergaben sich seit der Landung in der Normandie keine Abstimmungsprobleme mit den auf dem Kontinent kämpfenden Bodentruppen, wenn ein Bombenabwurf nahe der Front, die fast ständig in Bewegung war, erfolgen sollte. Ein solcher Angriff nahe der Frontlinie war auch der heutige.

Angestrengt suchte Gilbert Norbridge den Himmel nach Anzeichen von Jagdflugzeugen ab, wobei er seinen gläsernen Geschützturm immer wieder von links nach rechts und zurück drehte. Doch nichts dergleichen geschah. Im Heck drehte Peter Radcliffe ebenfalls seine beiden Maschinengewehre hin und her. Beide Schützen waren so gut aufeinander eingespielt, daß sie nie die gleiche Himmelsregion absuchten. Aber kein deutscher Jäger war zu sehen. Hin und wieder konnten Gilbert und Peter andere Bomber beobachten, die langsamer als die eigene Maschine flogen, Höhe verloren oder bei denen plötzlich eine schwarze Rauchfahne aus einem der Motoren drang. Ein paar der Lancaster waren schließlich aus dem Strom der Bomber ausgeschert und Richtung England zurückgeflogen. 'Einsatz abgebrochen, kehren zur Basis zurück', so lautete meist der Eintrag in den Logbüchern der betroffenen Flugzeuge. Man mußte schon einen guten Grund haben, eine solche Entscheidung zu fällen. Wer ohne ausreichenden Grund vorzeitig auf dem Flugplatz landete, fiel der genauen Beobachtung der Kommandeure anheim. Schlimmer aber konnte die Kritik der Staffelkameraden sein, die einer solchen Besatzung das Gefühl vermittelte, sie habe die Staffel im Stich gelassen. Deutlich wurden derartige Vorwürfe aber nur laut, wenn die betreffende Mannschaft häufiger 'Heimweh' bekam.

Die sieben Männer der 'Lady Anne' flogen weiter in Richtung Ost-Süd-Ost. Gilbert und Peter suchten den Himmel ab, Mike peilte und rechnete, Mathew half mal Mike, mal suchte auch er nach Feindflugzeugen, Steve und Sean hielten den Bomber auf Kurs. Raoul saß an den Funkgeräten und lauschte, ob irgendeine wichtige Nachricht gemeldet wurde. Alles lief bisher in Übereinstimmung mit den Plänen, die von den Hauptquartieren ausgearbeitet worden waren.

15^{11} Uhr, NAMUR

Steve hatte von Mike die Meldung erhalten, daß in etwa einer Viertelstunde der Zielanflug beginnen werde. "Es wird Ernst, Männer. Wir fliegen in die Jagdschutzzone ein und nähern uns unserem Ziel. Haltet Eure Augen auf, und falls jetzt Jäger zu sehen sind, beobachtet sie sehr genau, bevor ihr schießt, es könnten unsere sein. Und noch etwas: Angriffszeit ist minus 26 Minuten."

Die Spannung an Bord nahm jetzt merklich zu. Die beiden MG-Schützen meldeten nun in kürzeren Abständen, daß sie keine verdächtigen Flugzeuge sehen könnten. Mike rechnete und rechnete: 'Geschwindigkeit über Grund ist 170 Meilen. Wind kommt aus 130 mit dreizehn Knoten, also ist in dieser Höhe unsere Geschwindigkeit tatsächlich aber 185 Meilen in der Stunde. Folglich erreichen wir Wendepunkt E in etwa..., wir fliegen auf der Idealroute. Nochmals: Geschwindigkeit 185 pro 60 Minuten, in der Minute also 3,08 Meilen. Der Abstand zum Wendepunkt E beträgt noch 10 Meilen.' Er legte den Sprechhebel um. "Steve, drei Minuten und fünfzehn Sekunden bis Punkt E, neuer Kurs 54 Grad und dann noch 44 Meilen bis zum Ziel."

Immer wenn ein Bomber kurz vor der Stelle war, an der er seine tödliche Last abwerfen sollte, wenn nur noch wenige Minuten die Menschen am Himmel und auf der Erde von Überleben oder Tod trennten, dann übernahm der Bombenschütze die Steuerung des Flugzeuges. Er blickte durch sein Bombenvisier, verglich seine Zielkarte mit der Landschaft, die unter ihm hindurchglitt und gab seinem Piloten genaue Anweisungen zur Kurskorrektur.

Vor der 'Lady Anne' drehten in Sichtweite vorausfliegende Bomber bereits nach links. Sean´s Blick richtete sich für kurze Zeit erneut auf die Anzeigeinstrumente. Die Drehtürme auf dem Rücken des Bombers und im Heck verharrten keinen

Moment mehr in Ruhe. Im Bug der Lancaster legte Mathew sich auf den Bauch. Sein Oberkörper ruhte nun auf einer Stützbank, die ihm völlige Freiheit der Arme ermöglichte. Dann legte er die Zielkarten bereit. Im selben Moment hörte er die Stimme seines Piloten: "Wir befinden uns im Zielanflug, Jungs. In etwa zehn Minuten gehen die Bomben ab. Das heißt aber nicht, daß wir es dann geschafft haben. Haltet Eure Augen auch weiter auf und seid konzentriert, dann kommen wir wieder nach Hause zurück." - "Bringen wir es gut über die Bühne", antwortete Mathew und schaltete das Bombenvisier ein. Mike Gibson meldete Mathew die Stärke der Windabdrift und die Geschwindigkeit des Bombers: "13 Knoten aus West, 185 Meilen, Höhe 10.000." - "Danke", sagte der Bombenschütze, und dann waren nur noch die Atemgeräusche der Männer in den Kopfhörern zu vernehmen.

Mathew drehte sich nach links, wo sich der Rechner befand, der das Zielgerät steuerte. Über drei Drehknöpfe gab der Bombenschütze die Winddrift, die Flughöhe und die Geschwindigkeit ein. Dann drehte er sich nach rechts. An dem Steuerkasten zur Bombenauslösung wählte Mathew die Reihenfolge und Zeitabstände, in denen die Bomben ausgeklinkt wurden. Erst sollte die 4000 Pfund-Bombe fallen. Dann, nach etwa fünf Sekunden, zunächst die beiden Reihen Brandcontainer, die unmittelbar vor und hinter der Luftmine hingen, und in der nächsten Sekunde die vordere und hintere Reihe der Container.

Er war gerade mit den Einstellungen fertig, als erneut sein Pilot meldete: "O.K., Mathew. Ab sofort hast Du das Kommando."

Flight Sergeant Wilson hob nochmals seinen Kopf und schaute aus der Bugkanzel nach vorn. Gerade in diesem Moment löste sich ein Flugzeug weit vor der 'Lady Anne' in einen Feuerball auf. "Verdammt", sagte Mathew und nahm den Kopf wieder herunter.

Steve hatte ebenfalls den Feuerball gesehen: "Beobachte Abschuß voraus", meldete er über die Sprechanlage. Flight Officer Phillips war nicht bewußt, wie sehr er nun den Steuergriff umklammerte und seine Lippen aufeinanderpreßte.

Mike Gibson schrieb in sein Logbuch: "15^{25} Uhr, Flaktreffer bei Flugzeug voraus. Maschine stürzt ab, keine Fallschirme."

Westteil der Sadt Düren. In der Bildmitte die Marienkirche.

Blick vom Annakirchturm zum Neuen Wasserturm.

15³⁰ Uhr, DÜREN

Sergeant Wilson sah, daß die Wolken unter ihnen immer dünner wurden. Er schaute durch die Zieloptik und erkannte den Zulauf zu einem See, den er in seiner Zielkarte als Vesdre-Talsperre identifizierte. "Skipper, Bombentore auf." Mathew's Stimme klang ruhig. Steve Phillips ergriff mit seiner linken Hand den Hebel neben seinem Pilotensitz und zog ihn nach oben. Ein leichtes Rucken war zu spüren, als die Bombentore in ihre Endstellung rasteten.

Flugingenieur McDonald hatte seinen Posten verlassen und war in die Nase der Lancaster geklettert. Dicht hinter dem Bombenschützen hockend, öffnete er eine Luke in der Hülle des Bombers und begann die Staniolstreifen abzuwerfen. Als Sean zwischenzeitlich einmal nach vorne schaute, sah er, wie unter einem weit vorausfliegenden Bomber plötzlich rote Punkte aufleuchteten und langsam der Erde entgegenschwebten. Zwischen diesen Punkten erkannten sie, daß Flakgranaten am Himmel explodierten. "Zielmarkierer voraus! Flak schießt!" meldete Sean, und Mike trug diese Informationen in das Logbuch ein. In Düren standen die Turmuhrzeiger der Annakirche auf 15³² Uhr.

Durch eines der Funkgeräte getrennt von Mike saß Raoul Clegg auf seinem Platz und hörte angespannt auf die Meldungen und Anweisungen, die der Master Bomber an den Verband sandte: *'Zielmarkierer liegen hervorragend. Samson, zielen Sie auf die roten Leuchtbomben'*. Dann: *'Samson, gut so. Bomben exakt gelegt, Bomben exakt gelegt'*. Alles lief nach Plan, und jeder in der 'Lady Anne' konnte die Funksprüche des Leitbombers hören.

Flight Officer Phillips erhielt eine Anweisung seines Bombenschützen: "Skipper, etwas mehr rechts, mehr rechts." Vorsichtig steuerte der Pilot in die angegebene Richtung, und schon hörte er "Halt jetzt, gut so, halt sie so." Officer Phillips Hände umklammerten den Steuerknüppel, und in den Kopfhörern war jeder seiner Atemzüge vernehmbar.

Die Lancaster überflog soeben die Frontlinie des Hürtgenwaldes. Mathew schaute durch sein Zielgerät und griff nach dem Auslöseknopf. Sie flogen auf der Ideallinie und waren in der idealen Zeit. Aber sie befanden sich auch in der Höhe, in der die Flakgranaten explodierten, und so wurde der Bomber massiv durchgerüttelt. Die Splitter der Granaten prasselten gegen die Metallhülle der 'Lady Anne', aber abgesehen von einigen kleinen Lackschäden und Beulen hinterließen sie keine Spuren. In der Flugzeugzelle übertönte das Brummen der Motoren die Aufschlaggeräusche der Splitter. "Ruhig, Junge, ruhig", sagte Mathew zu sich selbst, doch jeder an Bord hörte seine Stimme.

Es war wolkenlos über dem Zielgebiet. Unter der 'Lady Anne' wechselte das Waldgebiet in Felder über, in denen ein kleines Dorf lag: Dunkle Dächer, umgeben von dunkelgrünen Wiesen, die sich abwechselten mit grau-brauner Erde. Zwischen diesen Flächen liefen Wege. Aber auch Gräben, deren Zickzack-Muster deutlich zu sehen war. In den Gräben Ausbuchtungen, Quadrate, Kreise. In den Quadraten und Kreisen blitzte Mündungsfeuer auf, die Flak schoß, schoß genau in die Höhe, in der die 'Lady Anne' sich befand.

Beim Anblick der Zackenmuster am Boden klang die Stimme von Wing Commander Boswell wieder in den Ohren des Bombenschützen: "Ziel Nummer Zehn: Die ganze Stadt ist befestigtes Gebiet, in dem sich Offiziere, Mannschaften und Munition befinden."

Nach den Wiesen und Feldern unvermittelt ein geordnetes Grün, klein in seiner Ausdehnung, viele Wege: Ein Friedhof. Durch das Fadenkreuz des Bombenvisieres glitt eine Kirche, dann eine Industrieanlage, deren Kennzeichen ein kleiner Turm mit einer Kanzel war. Wieder folgte eine Fabrik, deren Vielzahl von kleinen Dachhauben wie Wellen erschienen. Jetzt wanderte ein kleiner Park, der zwischen einer Straße und dem kleinen Fluß lag, durch den Kreuzungspunkt des Visieres.

"Halt sie so, Steve, halt sie ruhig."

Eine Brücke führte über den Fluß. Hinter diesem Fluß lief eine Bahnlinie. Dann erschienen Häuser, Straßen und Gärten im Bombenvisier. Sean kletterte wieder zu seinem Piloten zurück.

"Rodney an Samson, Ihre Bomben liegen punktgenau. Zielen Sie auf die roten Markierer, die roten."

Das Auge hinter dem Visier sah auf eine Straße, an der die Lancaster nun entlangflog.

"Halte sie so, Skipper, halte sie so, wir sind gleich über dem Punkt!"

Am Boden blitzten Einschläge auf, und aufsteigender Rauch verschleierte die Sicht nahezu vollständig.

"Verdammt, wo sind denn diese roten Leuchtdinger? Ruhig, Kerl, paß auf!"

Im Dunst und Rauch war ein Häuserblock teilweise erkennbar, und an einer Ecke dieses Häuserblocks stand ein großes, quadratisches Haus. So groß, daß es den Platz vor ihm beherrschte. So groß, daß es für Mathew nicht zu übersehen war. Ein Haus zum Repräsentieren. Auf dem Dach des Hauses erschien soeben ein roter Ball, und als das Haus mit dem Ball genau in seinem Visier lag, drückte Mathew zunächst den Bombenauslöser, dann den Kameraknopf. Die Bomben fielen aus den Halterungen, und die Kamera neben Mathew begann, Bild um Bild zu schießen.

Von seiner Last befreit schoß der Bomber fünfzig Meter in die Höhe. Steve und Sean steuerten diesem raschen Aufstieg entgegen, trimmten die Maschine neu und stabilisierten deren Fluglage, um nicht mit anderen Lancaster zu kollidieren, die vielleicht über ihnen flogen. Mike trug in das Logbuch ein: 15^{37} Uhr, Bomben abgeworfen.

Durch das Visier beobachtete Mathew, wie die tödliche Fracht ihrem Ziel entgegenstürzte. Er orientierte sich an der riesigen Luftmine, die, immer kleiner werdend, auf das große Haus zu raste. Für einen Moment verschwand sie aus seinem Blick, dann ein greller Blitz, dem unmittelbar viele kleine Blitze folgten. Mathew glaubte sehen zu können, wie sich das Haus immer mehr aufblähte, um schließlich in einer Wolke aus Rauch und Staub zu zerplatzen, sich faktisch in nichts aufzulösen. Der Bombenschütze hob seinen Kopf, sein Blick wechselte von dem kleinen Ausschnitt seiner Zieloptik zu dem großen Szenario, das sich dreieinhalb Kilometer unter ihm abspielte. Einzelne Häuser ließen sich noch gut erkennen, doch immer mehr Bomben trafen ihre Ziele, und mit einer rasenden Schnelligkeit breiteten sich Rauchwolken aus, die den freien Blick zunehmend verschleierten. Der graue Rauch wurde gespenstisch rot gefärbt, wenn die Markierungsbomben in ihn eintauchten.

"Geh auf Kurs 78 Grad und halte den Kurs für zwei Minuten und zehn Sekunden", wies Mike seinen Piloten an. "O.K, zwei Minuten zwölf 78 Grad fliegen", bestätigte Steve und fragte seinen Bombenschützen, ob die Kamera noch laufe. "Alles klar Skipper, der Film ist durch", antwortete dieser, und Steve Phillips ließ den Bomber über die rechte Tragfläche abkippen.

Peter Radcliffe saß im Heckturm des Flugzeuges und blickte zur Erde hinab. "Steve, Leute, hier ist Peter. Erkenne am Boden ein sich ausbreitendes Feuer." - "Ja, sieht nicht übel aus", kommentierte Sergeant Norbridge die Meldung seines Kameraden. "Seht ihr denn auch deutsche Jäger?" Steve erinnerte sie postwendend an ihre eigentlichen Pflichten, doch seine Sorge war an diesem Tag unbegründet, da sich kein deutsches Flugzeug über den Orten der Zerstörung zeigte.

"Skipper, hier Mike", rief Offizier Gibson in den Wortwechsel, "Kurs 187 Grad, Geschwindigkeit 180 Meilen. Neuer Kurswechsel in sechseinhalb Minuten". Steve bestätigte die neuen Daten und legte den Bomber nochmals in eine Rechtskurve, bis die Kompaßnadel über der geforderten Gradzahl stand. Sie waren nun über Golzheim.

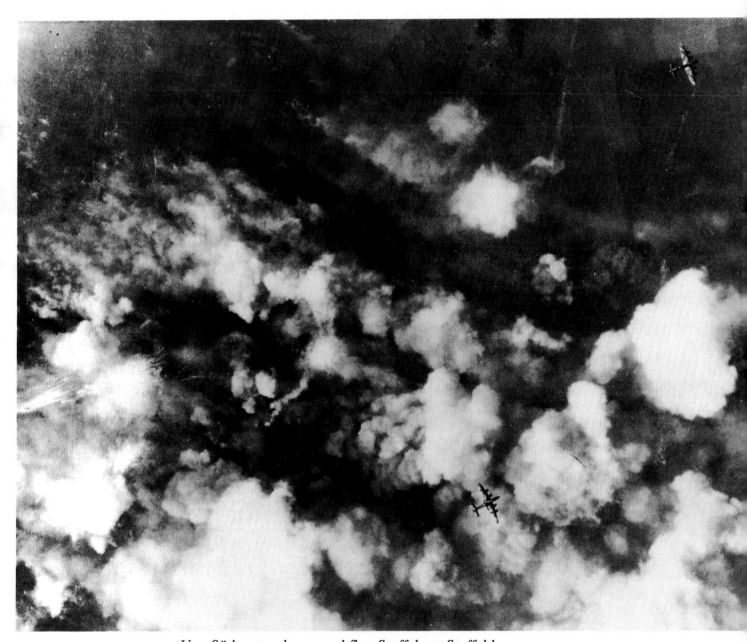

*Von Südwesten kommend flog Staffel um Staffel heran.
Zwei Bomber über dem Stadtrand von Düren.*

Das alte Rathaus (Bildmitte) auf dem Marktplatz.

Das völlig zerstörte Rathaus. Nur die Rückwand blieb stehen.

Mathew hatte durch eine Klappe den Bombenschacht inspiziert und beruhigt festgestellt, daß er leer war. Er warf die letzten Staniolstreifen durch die Seitenluke und rief dem Piloten zu: "Alles sauber, Steve, Du kannst die Tore schließen." Steve drückte den Hebel neben seinem Sitz hinunter, und die Tore schlossen sich wieder.

Während sie östlich an ihrem Ziel noch einmal vorüberflogen, drehte Gilbert Norbridge seinen Geschützturm in die Richtung der Stadt. Seine Stimme klang etwas weniger enthusiastisch: "Schaut einmal nach Steuerbord, Leute." Außer dem Funker und dem Navigator folgten alle an Bord dieser Aufforderung, und alle sahen sie das gleiche Bild: Der Boden brannte, und dieser Brand wurde durch ständig neue Blitze genährt. Eine mächtige Rauchsäule, die in ihrem Zentrum selber aus Feuer zu bestehen schien, wuchs in den Himmel. Von Südwesten her flog Staffel um Staffel in drei unterschiedlichen Höhen heran. Sie überquerten die Orte Rölsdorf und Gürzenich, verschwanden in der Mischung aus Rauch, Pulverdampf und Gesteinstaub, in die sie ihre Fracht abwarfen, und kamen wenige Momente später auf der anderen Seite wieder heraus. Ein einsamer Bomber umkreiste das Geschehen und sorgte dafür, daß der Bombenteppich innerhalb des vorgegebenen Gebietes lag: der Master Bomber.

In den Kopfhörern klang der rauhe schottische Tonfall Sean McDonald's: "Das ist ja das reinste Inferno. Diese armen Schweine da unten." Einige Sekunden war das Brummen der vier Motoren das einzige Geräusch an Bord. Wie erstarrt blickten sie aus den Fenstern und Glaskuppeln, dann holte Steve Phillips tief Luft: "Laßt uns nach Hause fliegen, Jungs, und haltet die Augen offen."

Um 15^{46} Uhr wurde die 'Lady Anne' auf einen neuen Kurs gebracht, der sie und ihre Besatzung nach Westen führte.

17⁵⁰ Uhr, SCAMPTON

In der Nähe des Flugplatzes Scampton ließ Flight Officer Phillips die Lancaster in einer Spiralform langsam absinken. Südlich von Lüttich hatten sie ihre Anflugroute gekreuzt und waren unbehelligt von deutschen Jägern oder Flak über Brüssel, Gent und Ostende hinweg in Richtung England geflogen. Die Spannung hatte sich wieder gelegt, aber die Konzentration war bei den Männern an Bord unverändert hoch.

Noch über Belgien war der Himmel dunkel geworden, doch Sean McDonald hatte die Positionslampen des Bombers nicht eingeschaltet. Er wußte, daß bei vielen unerfahrenen oder undisziplinierten Mannschaften nach Abwurf der Bomben die Konzentration nachließ, und so hatten diese auf dem Heimweg weder den Luftraum beobachtet, noch waren sie weiterhin unbeleuchtet zurückgeflogen. Den Unglücklichen unter den betreffenden Besatzungen folgten dann oft die deutschen Nachtjäger, die dann ein leichtes Spiel hatten, das Flugzeug in Brand zu schießen. Sogar bis nach England waren die Jäger schon im Bomberstrom mitgeflogen und hatten ihre Opfer noch im Landeanflug attackiert.

Als die 'Lady Anne' bei Orfordness die englische Küste überquerte, wußten die Männer bereits, daß sie auf ihrem Heimatstützpunkt erwartet wurden. Sie hatten die Flugkontrolle in Scampton darüber informiert, daß alle an Bord unverletzt seien. Die Sauerstoffmasken waren bereits abgesetzt worden, und nun beendete Steve den Abstieg. Die Landefeuer des Flugplatzes waren gut zu sehen, als der Pilot und sein Flugingenieur den letzten Teil des Landeanfluges einleiteten.

Wie beim Start gingen Sean und Steve eine Checkliste durch: Kühlerklappen *zwei Drittel geöffnet*, der Druck der Bremsleitungen war *gut*, und die Benzinpumpen waren *eingeschaltet*. Sean stellte die Landeklappen auf 20 Grad ein und ließ das Fahrwerk ausfahren. Punkt 18⁰⁰ Uhr setzte Steve den Bomber auf der Landebahn auf. Er bremste die Lancaster so, daß sie am Ende der Piste fast stillstand. Sean zog die Landeklappen in die Flügel ein, dann steuerte Steve Phillips das Flugzeug über den Taxiweg auf seinen Stellplatz zurück.

Fast fünf Stunden, nachdem sie angeworfen worden waren, standen die vier Motoren der 'Lady Anne' wieder still. Der Flug war routiniert verlaufen. Die Schäden an der Hülle des Bombers waren schnell zu beheben, keine Bombe war im Schacht geblieben, keiner der Männer war verletzt oder gar getötet worden. Mike klappte sein Logbuch zu, steckte es zusammen mit den Flugkarten in die Ledertasche, in die er schon den Sextanten und seine Lineale verstaut hatte. Peter, Gilbert und Mathew bauten die Maschinengewehre aus ihren Halterungen, und Raoul packte seine Unterlagen zusammen. Die Männer nahmen ihre Fallschirme aus den Staufächern und kletterten aus der Türe am Heck des Bombers. Sean und Steve stiegen als letzte die kurze Leiter hinab und gesellten sich dann zu den anderen fünf, die hinter der Lancaster am Schutzwall standen und erleichtert ihre Blasen leerten. Keiner wollte nämlich die Chemietoillette an Bord benutzen. Sich jedesmal aus den vielen Kleidungsstücken zu schälen, diese Prozedur war allen viel zu umständlich.

Der Bus kam und brachte die erschöpfte Besatzung zu den Verwaltungsgebäuden, in denen sie von einem Angehörigen des Geheimdienstes erwartet wurden. Großzügig und leger bot er allen Tee und Zigaretten an, doch seine Fragen waren präzise, und die Antworten hielt er auf einem Fragebogen fest.

"Haben Sie auf dem Hinflug Kontakt mit feindlichen Jägern gehabt?" - "Gab es irgendwelche Probleme mit Ihrer Maschine?" - "Wie waren die Sichtbedingungen über dem Ziel?" - "Haben Sie Ihr Ziel eindeutig identifiziert?" - "Wurden Sie von Flak beschossen? Wie hoch schoß die Flak? Wurden Sie getroffen?" - "Sahen Sie eine Wirkung Ihrer Bomben im Ziel?" - "Wie verlief der Rückflug?" - Und dann: "Danke, Gentlemen, Sie können gehen und sich ausruhen."

Die sieben Männer der 'Lady Anne' reichten dem Geheimdienstler ihre Unterlagen und gingen zu dem Umkleideraum. Ihre Fallschirme gaben sie an dem Tresen wieder ab, dann kleideten sie sich langsam vor ihrem Spind wieder um. Das stundenlange Sitzen während des Fluges hatte die Gelenke und Knochen unbeweglich werden lassen, aber Sean, Raoul, Steve und die anderen ließen sich ohnehin Zeit.

Wieder im regulären Dienstanzug, gingen die beiden Offiziere der 'Lady Anne' zur Offiziersmesse hinüber. Die fünf Sergeants blieben noch einen Moment zurück. "Essen wir noch was, oder gehen wir direkt einen trinken?" fragte Mathew seine Kameraden. "Hunger", lautete die einstimmige Antwort der anderen Sergeants, und so gingen sie gemeinsam in die Unteroffiziers-Messe.

Mathew Wilson stocherte auf seinem Teller herum. "Hey, ich versteh' ja, daß Rührei mit Speck nicht unbedingt das ist, wovon man träumt, aber was anderes gibt es eben nicht", sagte Peter. "Laß ihn", meinte Mike, "ich glaube auch nicht, daß unser lieber Mathew über das Essen sinniert, stimmt´s, Matt?" - "Ich denke nur an die Leute in der Stadt", erwiderte Mathew leise, "da ist keiner mehr herausgekommen." Gilbert schaute ihn an. "Mann, jetzt werde bloß nicht sentimental. Es ist nun einmal Krieg, und den haben die da drüben vom Zaun gebrochen. Außerdem hieß es im Befehl, daß die Stadt voller Militär war." Mathew schüttelte den Kopf: "Und wenn schon, ich verstehe Dich trotzdem nicht, schließlich hast Du genauso wie ich in London im Keller gesessen, als der 'Blitz' über uns hereinbrach." - "Schluß jetzt, Jungs", mischte sich Sean McDonald in das Gespräch und legte eine Hand auf die Schulter des Bombenschützen. "So ein Tagesangriff ist sicherlich beeindruckend, vor allen Dingen, weil man sieht, was passiert. Aber ich glaube nicht, Matt, daß die Deutschen so blöde waren und die Stadt nicht schon lange geräumt war. Und jetzt geh' ich einen trinken. Wer kommt mit?" Alle hoben die Hände.

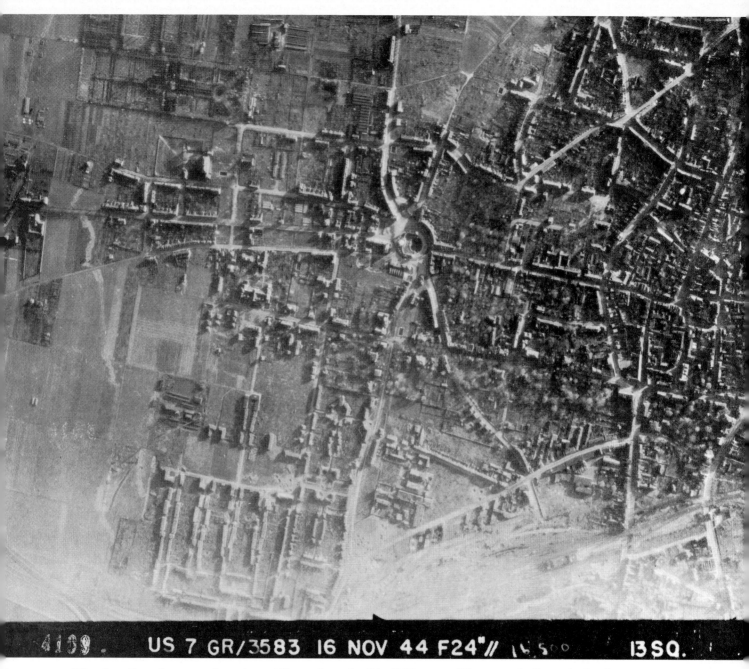

Wenige Stunden vor dem Angriff machte ein "Aufklärungs-Flugzeug" diese Aufnahme von der Osthälfte der Stadt.

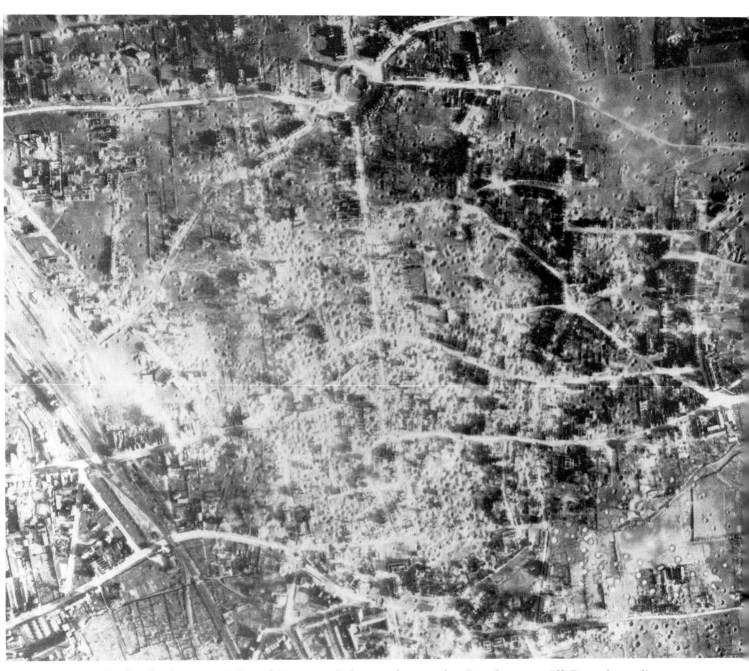

Luftaufnahme von Düren 3 Tage nach dem verheerenden Bombenangriff. Das ehemalige Stadtgebiet wurde in eine Kraterlandschaft verwandelt. In der Bildmitte oben erkennt man die Anlage des "Neuen Wasserturms".

Nur noch wenige Häuserruinen sind nach dem Angriff übriggeblieben. Der riesige Steinhaufen in der Bildmitte stammt von den Resten der Annakirche.

Blick auf die zerstörte Stadt aus Richtung Marienkirche. Im Vordergrund das "Dürener Fisch-Haus" auf dem Kaiserplatz.

Luftaufnahme vom 26.2.1945, einen Tag nach der Eroberung der Stadt durch die Alliierten. Am Bildrand oben links erkennt man den Turm der Marienkirche. Im Vordergrund blickt man auf die ausgebrannten Häuser von Bonner- und Oststraße.

Die völlig zerstörte Weierstraße, aufgenommen etwa in Höhe des Moltke-Denkmals an der Einmündung der Philippstraße. Am oberen rechten Bildrand ist die Ruine der Annakirche zu erkennen.

Blick in die obere Weierstraße in Richtung Aachener Straße. Die wenigen Passanten können sich nur mühsam einen Weg durch die Trümmerlandschaft bahnen.

Die Aufnahme zeigt die total zerstörte Dürener Altstadt, die sich rings um den Altenteich befand. Allein die Statue von der hl. Anna mit ihrem Kind Maria blieb heil, obwohl sie vom Sockel heruntergefallen war.

JÜLICH

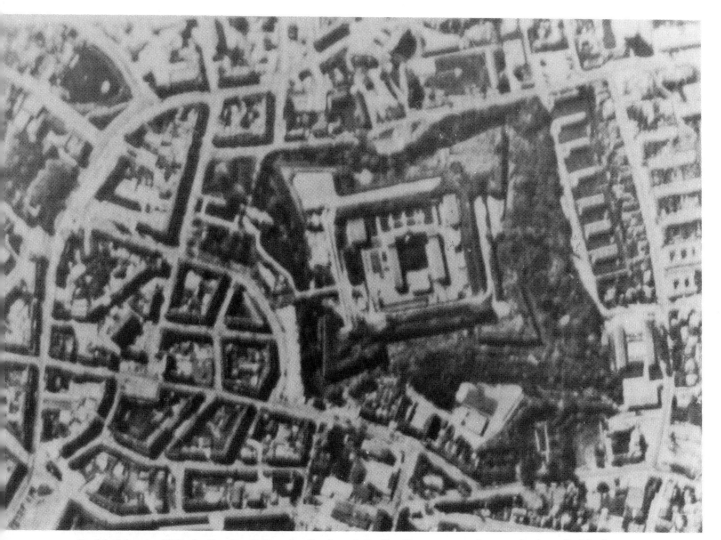

Luftbild von Jülich. In der Mitte befindet sich die Festungsanlage mit dem Schloß.

Gesamtansicht des Jülicher Schlosses vor dem 2. Weltkrieg.

Dieses Foto zeigt das ganze Ausmaß der Zerstörung. Von der großartigen Schloßanlage stehen nur noch die Außenmauern.

Ebenso wie Düren wurde auch Jülich in eine Kraterlandschaft verwandelt. Am oberen Bildrand ist die Rur mit der Rurbrücke zu erkennen.

Die Reste des Hexenturms, einst Wahrzeichen der Stadt, 1945.

HEINSBERG

Heinsberg, Apfelstraße. Foto: 1935

Heinsberg, Hochstraße. Blick Richtung Propsteikirche St. Gangolf. Foto: 1942

Nordeingang Heinsbergs kurz nach der Eroberung durch die Engländer im Januar 1945.

Heinsberg, Hochstraße. Blick Richtung Propsteikirche St. Gangolf. Foto: 20.11.1944

*Britische Panzer vor dem Torbogenhaus in Heinsberg am 24. Januar 1944.
Foto aus engl. Illustrierten.*

*Heinsberg. Blick über die Ruinen der Patersgasse zur evangelischen Kirche.
Foto: 20. Nov. 1944*

Luftaufnahme von Heinsberg vom 19. Nov. 1944, drei Tage nach der Bombardierung.

Luftaufnahme der Stadt Heinsberg, 3. Mai 1961.

Heinsberg, Hochstraße. Foto: um 1975

Teil C: Das Nachspiel

Donnerstag, 16. November 1944

HAUPTQUARTIER DES BOMBERKOMMANDOS, ROYAL AIR FORCE, HIGH WYCOMBE

Die ersten Kampfberichte und Luftbilder, die die Besatzungen von ihrem Einsatz über Düren mitgebracht hatten, waren unmittelbar an die Hauptquartiere der einzelnen Bombergruppen geleitet worden. Bald danach hatte auch das Oberste Hauptquartier in High Wycombe erste, vorläufige Berichte des Angriffs erhalten. Das Gesamtbild, welches sich langsam abzuzeichnen begann, löste bei dem Planungsstab Erleichterung aus, und es schien, als würde der 16. November als erfolgreicher Tag in die Tagebücher des Bomberkommandos eingehen. Einige Flugzeuge waren zwar beschädigt worden, doch nur vier Bomber wurden als vermißt gemeldet. Das Ziel der Angriffe war aber erreicht: Die Pfadfinder hatten die Zielgebiete exakt mit Leuchtbomben markiert, die Sichtverhältnisse über den Zielen waren fast ideal gewesen, und von Düren berichteten alle Besatzungen, sie hätten auf ihrem Heimflug die Stadt in voller Ausdehnung brennen gesehen.

Noch aber wurde Geduld verlangt, denn erst die Auswertung der Luftbeobachtungen, die amerikanische Jagdbomber nach dem Angriff durchführen sollten, ließ genaue Rückschlüsse zu. Und noch weitere Fragen standen offen, deren dringlichste lautete:

'Werden unsere Bomber noch für *diese* Offensive benötigt, oder können wir sie für unsere eigenen Pläne einsetzen?'

"Wir brauchen eine gewisse Planungssicherheit", meinte der Chef des Planungsstabes, "also sollten wir den Amerikanern mitteilen, daß wir nicht unbegrenzt auf eine erneute Bitte ihrerseits um Unterstützung warten können". - "Nun, Sir", erwiderte einer der Anwesenden, "ich schlage vor, daß wir die 9. US.-Luftflotte bitten, uns bis Mitternacht eine definitive Zu- oder Absage bezüglich einer weiteren Unterstützung ihrer Offensive zu übermitteln". So ging gegen 18^{00} Uhr in Paris und bei der 9. Luftflotte ein Fernschreiben ein:

"Unternehmen Queen. Vorläufige Berichte bezeichnen die heutigen Angriffe auf alle drei Ziele als erfolgreich. Signalisieren Sie vor 23^{59} Uhr am 16. November, falls eine Wiederholung der Angriffe morgen, am 17. November, erwünscht wird."

R.A.F. Form 96A. S.575A. (Naval.)	MESSAGE FORM			Office Serial No.
Call IN and Preface OUT			No. of Groups GR	Office Date Stamp 19A

TO* CHIEF MAIN AIR, BOMBER COMMAND, WATNEY, H.Q.IXUS AIR FORCE ADVANCED.

FROM* H.Q. BOMBER COMMAND.	Originator's Number A.C. 439	Date 16/NOV.	Your/My	Number and Date
(Write horizontally)	OPERATION	QUEEN.	PRELIMINARY	REPORTS 5
INDICATE	TODAYS	ATTACKS	ON	ALL 10
THREE	TARGETS	SUCCESSFUL.	SIGNAL	BEFORE 15
2359 HRS	16 NOV	IF	REPEAT	ATTACKS 20
REQUIRED	TOMORROW	17 NOV.		25
				30
				35
				40

Die Entscheidung, wie es weitergehen sollte, lag bei der 9.US-Luftflotte. Die nach dem Angriff gemachten Bilder und Beobachtungen wurden ausgewertet, und am Ende der Diskussion stand ein Entschluß: Da offenbar in der Umgebung von Düren und Jülich die Deutschen ihre Truppen zu einem Gegenangriff auf die amerikanischen Linien umgruppierten, mußte ein zweiter Schlag aus der Luft erfolgen.

Um 22^{30} Uhr klingelte bei Group Captain De Bouley das Telefon. Als er abhob, meldete sich das Hauptquartier der 9.US-Luftflotte: "Wir möchten", sagte der Mann am anderen Ende der Leitung, "daß die Ziele Nummer Zehn und Drei morgen erneut angegriffen werden. Die Deutschen sammeln dort ihre Truppen, und das läßt auf einigen Ärger schließen. Absolute Priorität hat das Ziel Zehn. Werfen Sie also alle verfügbaren Einheiten auf den Feind". De Bouley hörte aufmerksam zu und gab etwas zu bedenken, was in den letzten Wochen immer wieder für Probleme gesorgt hatte: "Wie sieht es denn mit Ihren Bodentruppen aus? Wie weit sind diese von Ziel Nummer Zehn entfernt? Ich denke daran, daß gegebenenfalls ein Blindabwurf der Bomben notwendig wird". - "Keine Sorge, Group Captain", lautete die Antwort, "unsere Jungs kämpfen mit dem Schlamm und den Deutschen. Wenn Ihre Bomber also im Laufe des morgigen Tages angreifen, können Sie beruhigt ein Blindbombardement wagen. Es müßte schon ein Wunder geschehen, wenn wir bis dahin nahe an die Städte herangekommen wären. Und sollte dieses Wunder eintreten, melden wir uns." Das Telefonat endete mit der Übermittlung von vier Zahlen: 115460, 121469, 121450 und 125459. Es waren die Eckpunkte, die das Zielgebiet für den 17. November markierten.

Der Group Captain meldete die Neuigkeiten unverzüglich seiner obersten Dienststelle in High Wycombe, wo man erneut die Koordinaten in eine Karte übertrug und für Düren ein Angriffsgebiet erhielt, das eine Rautenform aufwies. Der westliche Eckpunkt wurde von der Eisenbahnbrücke über die Phillipstraße gekennzeichnet, dann verlief die Linie nach Nordosten bis zu der Ecke, an der die

Schoellerstraße mit der Brückenstraße zusammentraf. Die Grenzlinie folgte der Schoellerstraße bis zum Wasserturm am Köln-Platz, von wo sie sich in südwestliche Richtung fortsetzte. Im Süden markierte der Friedrich-Platz den letzten Punkt des Zielgebietes, dessen Grenze abschließend wieder nach Nordwesten lief bis hin zu ihrem Ausgangspunkt an der Bahnunterführung.

"Also das Ganze noch einmal", kommentierte Group Captain Albernett die vor ihm liegenden Karten und setzte hinzu: "Über das Verfahren brauchen wir uns ja keine großen Gedanken zu machen, wir nehmen die Befehle für den 16. November und passen sie lediglich den neuen Gegebenheiten an. Für das Ziel Düren bedeutet das: Angriffsbeginn wird um 12^{00} Uhr sein, die letzte Bombe wird genau 15 Minuten später fallen. Der Master Bomber wird 'Plato' heißen, den Hauptverband nennen wir Bigboy. Flugstrecken und Funkfrequenzen bleiben so, wie sie waren, Bombenladungen auch."

Nochmals ratterten die Fernschreiber bei den Gruppenhauptquartieren los und druckten den Tagesbefehl mit allen Informationen aus. Schon bald danach erhielten die Flugplätze ihre detaillierten Einsatzbefehle für Freitag, den 17. November 1944. Einige von denjenigen, die die Luftbilder vom Angriff auf Düren gesehen hatten, schüttelten den Kopf und fragten sich, was, in aller Welt, da wohl noch als lohnendes Ziel stehen sollte. Aber Befehl war Befehl. Und einen Befehl offen nach seinem Sinn oder Unsinn zu beurteilen, stand dem Soldaten nicht zu. Es verblieb kaum genügend Zeit, um einen derart großen Angriff vorzubereiten. Zum Nachdenken oder gar Diskutieren blieb daher nicht eine Minute. Angenehm war, daß vor wenigen Stunden die gleichen Vorbereitungen stattgefunden hatten. Umdenken war somit nicht erforderlich, aber der ganze Papierkram mußte noch einmal erledigt werden.

(1) METHOD FOR TOMORROW 17TH NOVEMBER 1944 FOR G.H. 477 AREA AND G.H. 377 AREA. WILL BE CONTROLLED MUSICAL PARAMATTA.

(2) MUSICAL MARKERS WILL MARK THE A/P WITH T.I. RED COMMENCING AT H-5.

(3) OTHER PATHFINDERS WILL KEEP THE A/P MARKED WITH T.I. RED AND T.I. GREEN.

(4) A MASTER BOMBER WILL GIVE CONCISE AIMING INSTRUCTIONS TO THE MAIN FORCE USING THE FOLLOWING:-

	GH 477 AREA	GH 377 AREA
MASTER C/S	PLATO	GRENVILLE
DEPUTY C/S	'' 2	'' 2
MAIN FORCE	BIGBOY	STRONGMAN
FREQUENCY (1)	6440	5145
(2)	5330	5670
LONDON MISSION	GINGERUTS	APPLESAUCE

(5) AS THERE MAY BE CONSIDERABLE INTERFERENCE ON 6440 AND 5145 KCS FREQUENCIES MARCONI RECEIVERS SHOULD BE CAREFULLY SET UP ON ALTERNATIVE FREQUENCIES. TUNING MAY BE CHECKED BY MASTER BOMBERS ''BASEMENT'' CALL AT H-15.

(6) THE MASTER MAY GIVE AIMING INSTRUCTIONS WITH REFERENCE TO ''PICKWICK'', WHICH IS THE CENTRE OF THE UPWIND EDGE OF THE SMOKE.

(7) A ''LONGSTOP'' USING THE CALL SIGN ''BLACKLEG'' MAY CALL ON THE MASTER BOMBERS FREQUENCY TO THE MASTER AND/OR MAIN FORCE TO CORRECT ANY BOMBING OR MARKING ERRORS. HE WILL ALSO DROP YELLOW SMOKE BOMBS BURSTING AT 1500 FEET TO CANCEL MISPLACED TI'S OR INACCURATE BOMBING.

(8) YELLOW SMOKE MAY ALSO BE USED BY THE ARMY TO INDICATE THE PRESENCE OF OUR OWN TROOPS.

(9) CREWS SHOULD LISTEN OUT FROM H-15.

170045A
AS FOR CHECK

Einsatzbefehl für die 'Pfadfinder'

Freitag, 17. November 1944

HAUPTQUARTIER DES BOMBERKOMMANDOS, ROYAL AIR FORCE, HIGH WYCOMBE

Während auf den Flugplätzen die Besatzungen der Bomber dem neuen Tag entgegenschliefen und in den Verwaltungen die Schreibmaschinen klapperten, wartete das Oberkommando auf eine Nachricht des SHAEF, in der letzte Details geklärt werden sollten.

Wenige Minuten vor halb sieben traf das ersehnte Schreiben endlich ein. Aus übermüdeten Augen blickte Albernett auf das Papier. "Na, also", sagte er zu sich selbst, "Jagdschutz wird bereitgestellt, und bis unsere Jungs in der Luft sind, kennen wir die vordersten Positionen der G.I.'s". Dann las er still weiter und entnahm dem Schreiben, daß das SHAEF gerne wissen wollte, wann der letzte britische Bomber in den Luftraum ein- und wieder ausfliegen würde, der von den Jägern geschützt wurde. Weiterhin wurde Albernett informiert, daß die leichten Bomber der 9. Luftflotte den schweren Lancaster der Royal Air Force Platz machen würden, falls die Angriffe der beiden Luftstreitkräfte zeitlich zusammenfallen würden.

Bis zum Start der etwa 1000 Bomber blieb noch genügend Zeit, diese Positionen dem Master Bomber und dem Bomberstrom zu melden. Falls die Bomber schon kurz vor ihrem Ziel sein sollten, gab es natürlich auch ein Codewort, mit dem der Angriff vollständig abgesagt werden konnte: Stichwort 'Ingwerwurzel' - Gingeruts!

Die Meteorologen hatten an diesem Morgen wieder die Rolle der bösen Jungs zu übernehmen, als sie über dem Kontinent für den Tag schlechtes Wetter voraussahen. Gleichzeitig standen die Telefone, die die Flugplätze mit ihren Hauptquartieren verbanden, nicht still. Von nahezu allen Basen lautete die Meldung: 'Wir können nicht starten, da tiefhängende Wolken und dichter Nebel die Sicht auf fast Null gedrückt haben.' Das Risiko, daß die vollbetankten und vollmunitionierten Bomber in der Luft zusammenstießen, war recht hoch. Die Meldungen über die Wetterbedingungen wurden an das Oberkommando weitergeleitet.

"Na ja", knurrte der Stabschef, "da gibt es ja nichts dran zu ändern. Schreiben wir also dem SHAEF, den Jagdfliegern und der 8. und 9. Luftflotte, daß heute aus dem Angriff nichts wird. Informieren wir auch die Bombardment Groups, damit sich unsere Männer über einen freien Tag freuen können". Es war 7^{00} Uhr, als das Fernschreiben High Wycombe verließ.

Nach der Frühkonferenz, an der alle hochrangigen Kommandeure des Bomberkommandos teilgenommen hatten, ging erneut ein Schreiben an das SHAEF: "Erbitte Festlegung der/des letztmöglichen Zeit und Datums, an dem Angriffe auf Ziele Nummer Drei und Zehn durchführbar sind". Wenigstens sollten die Amerikaner nicht den Eindruck bekommen, es mangele an gutem Willen.

Beim SHAEF wurde nun angestrengt nachgedacht, und damit die britischen Vettern das auch mitbekamen, schickte man seinerseits am Mittag eine entsprechende Nachricht los, worin zu lesen war, daß, in Anbetracht der ausgezeichneten Bombardierung am Vortag, man darüber befinden wolle, ob überhaupt noch strategische Lufteinsätze zur Unterstützung des Unternehmens QUEEN vonnöten seien.

Um 17^{15} Uhr tickerte das Ergebnis dieses Denkprozesses aus den Fernschreibern in High Wycombe:

R.A.F. Form 683.
(SMALL)

SECRET **TOP SECRET 26**

MOST IMMEDIATE CYPHER MESSAGE

From :- Bomber Command Advanced TOO.1500A

To :- HQ Bomber Command

Date 17 Nov.44

Time of Receipt 1655   Despatch 1715

System

SHAEF(MAIN) BCA/11 17 Nov. TOPSECRET.

Reference your AC 442 17 Nov. See signal A.263 17 Nov. from SHAEF(MAIN)AIR.

Bomber Commands committments in close support of Army Group operation "QUEEN" now complete. No further requests will be made in terms of this operation. Should further support be requested by Armies concerned they will be considered by SHAEF as entirely new air operation.

Marshalling Yards quoted in my BCA/8 13 Nov. still require attacking on highest priority.

This confirms telephone conversation Air Commodore Constantine, Bomber Command, and Group Captain Du Boulay, Bomber Command Adv. today.

Serial No. Y.826

TOR 1650A

Dist. - Ops.2 - 5

"Tag: 17. Nov. 44   Angenommen 16^{55} Abgesandt 17^{15}
Vom: Vorgeschobenen Bomberkommando   Geschrieben um 15^{00}
An : Hauptquartier des Bomberkommandos
Laufende Nr. Y 826
Text: SHAEF Hauptabt. BCA/11 17.Nov. Streng geheim
Bezüglich Ihr AC 442 17.Nov. Siehe Zeichen A.263 17. Nov.
vom SHAEF (Hauptabt. Luft)
Das Engagement des Bomberkommandos bei der engen Unterstützung des Armeegruppen-Unternehmens "QUEEN" ist komplett. Im Rahmen dieses Unternehmens werden keine weiteren Ersuchen gemacht.

Sollten die beteiligten Armeen zukünftig um Unterstützungen ersuchen, werden diese vom SHAEF als völlig neue Unternehmen überdacht."

Die Bomber und ihre Besatzungen hatten ihre Arbeit gemacht. Nun konnten die einzelnen Berichte der Squadrons ausgewertet und in eine endgültige Form gebracht werden. Die Statistiker waren gefordert.

Statistik des 16.11.1944

ANGRIFF AUF DÜREN

I. Flugzeuge

	gestartet	gebombt	abgebr.	vermißt	ausstehend	Typen
1. Bombardment Group	238	233	3	2	2	Lancaster
5. Bombardment Group	214	208	6	1	-	Lancaster
8. Bombardment Group	33	32	1	-	-	Lancaster
	13	3	9	-	1	Mosquito
Summe	498	476	19	3	3	

II. Bombenlast (Angaben in britischen Pfund)

(Sprengbomben)	500 USA	500 GP	500 MC	1000 USA	1000 GP	1000 MC	4000 MC	4000 HC
1. Bomb. Group	239	372	536	625	4	347	115	117
5. Bomb. Group	151	108	144	1476	-	933	-	-
8. Bomb. Group	54	39	8	-	-	88	32	-
	390	534	719	2185	4	1368	147	117

Abkürzungen:
USA = in USA produziert
GP = General Purpose (allg. Verwendung)
MC = Medium Capacity (mittlere Sprengkraft)
HC = High Capacity (hohe Sprengkraft)

1. Bomb. Group   148980 Brandbomben à 4 Pfund
8. Bomb. Group   95 Zielmarkierer à 250 Pfund
insgesamt abgeworfene Bombenlast: 2702,7 Tonnen

III. Verluste der RAF
Abgestürzt: 166. Squadron F/O Coles, Edward (Pilot, 2 Einsatz)
           625. Squadron F/O Copland, (Pilot, 18 Einsatz)
           207. Squadron F/O Anderson, (Pilot, 7 Einsatz)

Notlandung: 153. Squadron F/O Taylor, Südengland
           626. Squadron F/O Titmus, L.A., bei Brüssel

Auszüge aus dem Kampfbericht der 1. Bombardment Group, 16. Nov. 1944

<u>Ziel   -   DÜREN.</u>

Gelisted	 238	Lancaster.
Gestarted	 238	"
Erfolgreich 'A'-Ziel	 231	"
Abgebrochen über Feindgebiet	 2	"
Abgebrochen nicht über Feindgebiet	1	
Vermißt	 2	"
Ausstände	 2	"

... Im Zielgebiet 15^{29} - 15^{40} Uhr.
Angriffshöhe 9.500 - 13.000 Fuß.

.... Wie auch immer, aus 10.000 Fuß konnten die Details am Boden klar erkannt werden. Der Pfadfinderverband war pünktlich, und die frühe Ankunft machte es möglich, die ersten roten Zielmarkierungen als genau platziert einzuschätzen, und so wurden diese durch die Bombardierung schnell ausgelöscht. Der Master Bomber... wiederholte ausdrücklich die Zufriedenheit sowohl mit der Markierung, als auch der Bombardierung. Alle Berichte sprechen von einer exzellenten Konzentration des Angriffes ...

Die ganze Zeit über war lediglich moderate schwere Flak über dem Ziel in Abwehr, diese zeigte sich akkurat auf 10.000 Fuß eingestellt, und dreizehn unserer Flugzeuge erlitten Flakschäden über dem Zielgebiet. Mit der Ausnahme eines Berichtes über eine zweimotorige Propellermaschine, geschätzt bei 30.000 Fuß südwestlich von Brüssel beim Anflug, gibt es keinen Beweis für feindliche Jägeraktivität.

Von den folgenden Flugzeugen wurde nach dem Start nichts mehr gehört:
1. 625/E2. F/O Copland   (18)   - Erste Welle.
2. 166/B. F/O Coles   (2)   - Erste Welle.

Immediate Interpretation Report No. K. 3367 (US.Bombing Survey)
19 Nov 1944

Ort: <u>DÜREN</u> (Stadt) Gebiet

<u>Zeitpunkt der Betrachtung.</u>

Dieser Bericht deckt die Zerstörung der Stadt DÜREN zum 18 Nov 1944 um 14^{45} Uhr ab, sowie des städtischen Verschiebebahnhofs vom 28 Sep 1944, um 14^{45} am 18 Nov 1944 und schließt die Zerstörungen ein, die aus dem Angriff der Flugzeuge des Bomber Command am 16 Nov 1944 resultieren.

<u>Vorläufige Feststellung der Zerstörung.</u>

Eine sehr enge Konzentration von Treffern hat das Zentrum Dürens zerstört, wo lediglich einige Häuserskelette verblieben sind. Außerhalb dieser Gebiete völliger Zerstörung, zum Osten und Süden hin, sind die einzelnen Gebäude weitgehend ausgebrannt oder zerstört, während zum Westen hin die Zerstörung abnimmt. Im Norden gibt es neue Zerstörung im Bahnhof, aber wenig in dem schmalen Teil der Stadt dahinter.

In der Stadt sind kleinere Industriebetriebe sowie Geschäfts-, als auch Wohngebäude zerstört, und alle Straßen sind unpassierbar. Zwei Tage nach dem Angriff brennen viele Gebäude noch, und das Wasserwerk nahe am Fluß ist schwer beschädigt.

Im städtischen Verschiebebahnhof sind Krater und zerstörte Waggons vom vergangenen Angriff durch Flugzeuge der 9. US-Luftflotte (Bericht IX TAC D/302, herausgegeben am 29 Sep 1944) zu sehen, die noch nicht beseitigt wurden, und während des neuen Angriffs wurde ein großes Gebäude zerstört. Neue Krater sind auf beiden Seiten des Bahnhofes zu sehen, sowie eine Gruppe von Kratern auf der anderen Seite der Schienen in Richtung Köln am Nordostende des Bahnhofs.

Aus dem Abschlußbericht des Hauptquartiers, Bomber Command

Anmerkungen zu den Kampfhandlungen - Ergebnisse des Angriffes

Heinsberg: (3.Group)
Sehr guter Angriff - Zielmarkierer als genau platziert gemeldet. Widerstand bestand aus geringfügig schwerer Flak.

Düren: (1., 5. und 8.Group)
Bombenkonzentration ausgezeichnet. Zielpunkte sichtbar identifiziert und blieben während des gesamten Angriffs gut markiert. Wolken - keine im Zielgebiet. Flak legte sich gegen Ende des Angriffes.

Jülich: (4., 6. und 8.Group)
Ausgezeichnete Bombardierungsergebnisse - gut konzentriert. Pfadfinder markierten gut. 2-4/10 Wolken im Zielgebiet. Flak geringfügig bis bescheiden.

Bericht des Angriffes des 8.Bomberkommandos:
Ergebnisse äußerst befriedigend; Bodentruppen höchst erfreut. Nur fünf Bomben fielen hinter die amerikanischen Linien, verursachten aber keine Verluste. Da die Mehrheit der amerikanischen Flugzeuge umgeleitet wurde, kann ein umfangreicherer Bericht nicht erwartet werden.

Nachbetrachtung

Als die letzten Bomber der Royal Air Force ihre Bombenschächte schlossen und auf Heimatkurs drehten, standen Düren, Jülich und Heinsberg in hellen Flammen. Was sich während des Angriffs und in den Stunden und Tagen danach vor allem in Düren abspielte, ist unbeschreiblich, es läßt sich nicht in Worte fassen. Dabei möchte ich es auch bewenden lassen und auf eine Darstellung der Ereignisse aus der Sicht Überlebender an dieser Stelle verzichten. Die Beschreibungen ähnlicher Bombardements auf andere Städte, wie Hamburg, Köln oder Dresden, weichen wohl nicht von denen auf Düren und Jülich ab.

Im Abstand von Jahrzehnten über die wahre Anzahl der Opfer zu diskutieren, halte ich desgleichen für überflüssig, da meiner Meinung nach schon ein einziges Kriegsopfer eine Anklage gegen das Versagen vernünftiger Politik darstellt.

Die Zerstörung der Stadt Düren aber spielte in der Nachkriegszeit nochmals eine Rolle, als sich der Kreisleiter der NSDAP für den Kreis Düren in einem Prozeß für seine Handlungen während seiner Amtszeit verantworten mußte. So kam dann in diesem Verfahren auch der 16. November 1944 zur Sprache, und ein ehemaliger Offizier der Deutschen Wehrmacht wurde als Zeuge vernommen. In seiner Aussage gab dieser Mann zu Protokoll, daß der ehemalige Kreisleiter bereits seit September 1944 versucht habe, von seiner Gauleitung in Köln die Erlaubnis zur Evakuierung der Stadt zu erhalten. Diesen Bemühungen waren Gespräche und Telefonate mit Frontkommandeuren im Hürtgenwald vorausgegangen, und die drohende Gefahr für Düren und seine Bewohner war deutlich ausgesprochen worden. Als Antwort auf das offizielle Ersuchen tauchte dann der Gauleiter höchstpersönlich in Begleitung von zwei bewaffneten SA-Männern in der Kreisleitung an der Goethestraße auf. Dem Gebrüll des Gauleiters war unschwer zu entnehmen, daß dem NSDAP-Statthalter mit dem sofortigen Erschießungstod gedroht wurde, falls er nochmals die Evakuierung der Stadt vortragen werde oder gar eigenmächtig die Räumung veranlassen sollte. Düren wurde, kurz gesagt, dem Durchhaltefanatismus der Nationalsozialisten geopfert. Da der oben genannte Wehrmachts-Offizier keineswegs zu den Freunden und Gönnern des Kreisleiters zu zählen ist, kann durchaus der Wahrheitsgehalt seiner Darstellung ohne Zweifel bleiben, wie auch die Aussage, daß trotzdem der Kreisleiter in persönlichen Gesprächen die Bürger zum Verlassen des Gebietes ermuntert hat. Unter den vielen Gründen, warum dennoch kaum einer die Stadt verließ, lassen sich drei auch aus heutiger Sicht nachvollziehen. Einen Grund stellt die Bodenständigkeit der Menschen im Dürener Land dar, der andere ist in der Frömmigkeit und dem festen Glauben an die Stadtpatronin begründet: St. Anna wird uns schon beschützen. Der dritte Grund hängt damit zusammen, daß Düren ja im weiteren Sinn zum Rheinland zählt, und hier heißt es: Es ist noch immer gutgegangen!

Doch wie erklärt sich der massive Angriff aus militärischer Sicht? Hier spielt die Philosophie und Mentalität der US-Armee eine entscheidende Rolle.

Ein Ort oder eine Stadt stellt immer ein beachtliches Hindernis für eine vorrückende Armee dar. Wer eine solche Ansammlung von Häusern erobern will, der muß neben dem Zeitverlust auch einen immensen Verbrauch an Material und Menschen in Kauf nehmen. Wer aber über ausreichendes Material verfügt, der kann durchaus seine Soldaten schonen.

Die Orte entlang der Rur lagen genau in dem auf den Rhein zielenden Stoßkeil der 1. und 9. US-Armee. Der Philosophie der amerikanischen Militärs folgend, mußten diese Hindernisse beseitigt werden, durften den gegnerischen Truppen (in diesem Fall der deutschen Wehrmacht) keine Verkehrsknotenpunkte oder Behausungen zur Verfügung stehen. Bei der bestehenden alliierten Luftüberlegenheit bot sich ein massiver Luftschlag geradezu an. Die Luftabwehr war kaum zu fürchten, hatten doch seit geraumer Zeit die deutschen Jagdflieger aus verschiedenen

Gründen Startverbot: Wegen der alliierten Luftüberlegenheit war die Zahl der erfahrenen Piloten ständig gesunken, und die jüngeren Jagdflieger kamen teilweise schon von ihrem ersten Feindflug nicht mehr zurück. Die Übermacht der Amerikaner verstärkte sich weiter, als es ihren Technikern gelang, sowohl die Reichweite der Begleitjäger zu erhöhen, als auch völlig neue Flugzeugtypen in den Krieg zu schicken. Geradezu irrsinnig mutete der Glaube Hitlers an, der neue Düsenjäger ME 262 eignete sich als "Schnellbomber". Dieses revolutionäre Flugzeug mußte zum Entsetzen der Oberkommandierenden der Jäger bei seinen Einsätzen von langsameren Propellermaschinen geschützt werden.

Aber auch die Vorbereitungen der Offensive "Herbstnebel" griffen in die Luftverteidigung ein: Jeder Tropfen Flugbenzin mußte gespart werden, - eine Folge der ständigen Angriffe der Alliierten auf Industrieziele, wobei der Ausstoß an Flugbenzin auf ein Drittel der Produktion gesunken war, die zu Beginn des Krieges erfolgte. Diese Aussage machte der Rüstungsminister Albert Speer gegenüber seinen englischen Vernehmern nach dem Krieg und stärkte so im Nachhinein die Meinung derjenigen bei der Royal Air Force, die sich gegen das Konzept von Luftmarschall Harris gestellt hatten.

Lediglich die Flak konnte noch Verluste verursachen, doch stand die Zahl der Geschütze um Düren herum in keinem Verhältnis zu denen, die Köln schützten. Konsequenterweise wurde die Abflugstrecke der Bomber so gewählt, daß dieser Kölner Schutzring nicht berührt wurde. Das enge Abkurven hinter Düren und der Vorbeiflug führten dann später zu der Annahme von Überlebenden, die Bomber hätten die Stadt zweimal überflogen.

Zur Vorbereitung ihrer Offensive machte die US-Air Force bereits Mitte September Luftaufnahmen der Zielgebiete und wiederholte diese Aufklärungsflüge nochmals am 10. Oktober und sogar am 16. November gegen 13^{00} Uhr, also zweieinhalb Stunden, bevor die erste Bombe fiel. Die auf den Bildern klar zu erkennenden Schützengräben, Artillerie- und Flakstellungen und die Deckungslöcher ließen den Eindruck einer "stark befestigten Stadt" entstehen. Legt man heute aber Militärhistorikern diese Luftaufnahmen vor, so fällt das Wort "Volkssturmbuddelei".

Die Planung der Offensive sah vor, den Sturm der Infanterie unmittelbar auf die Bombardements folgen zu lassen. So sollte auch die Verwirrung auf der anderen Seite genutzt werden, die durch die Bomber verursacht wurde. Da die Anzahl der eigenen Flugzeuge bei der US-Luftwaffe nicht ausreichte, um alle Ziele wie geplant an einem Tag anzugreifen, bat man die Royal Air Force um Unterstützung. Eine Absage konnte wohl kaum von britischer Seite aus ernsthaft in Erwägung gezogen werden, wollte Luftmarschall Harris nicht später in die Lage versetzt werden, bei passender Gelegenheit auf taube amerikanische Ohren zu stoßen. Daß es nicht ganz so gut um die Eintracht der Waffenbrüder bestellt war, wie oftmals dargestellt, klingt auch in den Akten des Hauptquartieres des Bomber Command an, wenn etwa deutlich über die Verantwortung des Jagdschutzes oder die unterschiedlichen Wetterprognosen berichtet wird.

Das ganze Unternehmen entsprach allerdings dem generellen Plan von Luftmarschall Arthur Harris, einen demoralisierenden Luftkrieg gegen die deutsche Bevölkerung zu führen. Dem aber hielten einige hochrangige Offiziere wie beispielsweise Sir Charles Portal entgegen, daß die Engländer unter den Bombenteppichen der Luftwaffe an Moral gewonnen hätten. Wie bereits erwähnt, sahen die Gegenspieler des Luftmarschalls die Bombardierung von Industrieanlagen als wichtiger an, und manch einer hielt die Pläne des obersten Bomberchefs für schlichtweg barbarisch.

Der Kampf um Düren war mit dem Angriff am 16.11.1944 aber nicht beendet, und es dauerte noch bis zum Jahresende, bis die Amerikaner das Gebiet westlich der Rur endgültig kontrollierten. Die Ardennenoffensive störte nachhaltig den Vormarsch auf die Rur und als in der Südeifel der Status quo endlich wiederhergestellt war, begann die Planung einer neuen amerikanischen Offensive. Am 23. Februar 1945 eröffnete ein massiver Artillerieschlag die Offensive "Granade", und zwei Tage später vermeldete das Kriegstagebuch der US-Armee, daß der letzte Widerstand in Düren erloschen sei.

Anfang März standen die G's endlich bei Wesseling am Ufer des Rheins, genau an der Stelle, die sie schon vor drei Monaten hatten erreichen sollen.

Die Menschen, die in ihre Heimatstadt Düren zurückkehrten, standen geschockt vor der Trümmerwüste. Unter den Gebäuderesten lagen teilweise noch ihre Angehörigen. Die Überlebenden begannen, die Trümmer zu beseitigen und die Toten zu begraben. Das Leben spielte sich unter primitivsten Bedingungen ab, und so mußte die Stadt schnell wieder aufgebaut werden. Die Menschen in Düren waren bei den Aufräum- und Aufbauarbeiten stets der Gefahr ausgesetzt, von Munition, die noch reichlich unter dem Schutt lag, oder von Blindgängern des Angriffs getötet zu werden. Es dauerte Jahre, bis sich ein neues, modernes Stadtbild zeigte, und wer heute mit offenen Augen durch Düren geht, findet noch einige Flächen, die nicht oder nicht vollständig wieder bebaut wurden.

ANHANG

Anmerkung zu S. 3: Das Unternehmen "Herbstnebel" hatte im Lauf der Zeit verschiedene Namen, so "Wacht am Rhein", "Rundstedt-Offensive und "Ardennen-Offensive." Die Amerikaner nannten die Kämpfe später "Battle of Bulge".

Das im ersten Teil des Romans erwähnte Kartengitter "Nord-de-Guerre" weicht von der üblichen Mercator Projektion ab. Verläuft bei der Mercator Projektion der Grad "O" durch Greenwich, so stellt bei dem genannten System Paris den Fixpunkt. Weiterhin sind die Zahlen in Dreierblöcken zu lesen und nicht in den gängigen Zweierkombinationen. So liest sich also Punkt 121449 (Straßenecke Nideggener und Zülpicher Straße) nicht 12 Grad, 14 Minuten und 49 Sekunden, sondern 121 Nord und 449 Ost. Da das Nord de Guerre Gitter in einem Dekametrischen System angelegt ist, konnte somit der Punkt auf der gängigen topographischen Karte 1 : 25,000 in Zentimetern abgemessen werden, falls dieser Karte das Gitternetz aufgedruckt oder angerissen war. Das System wurde während des zweiten Weltkrieges von der US-Armee verwendet. Erst nach erheblichen Schwierigkeiten gelang es mir unter fachkundiger Hilfe, das Rätsel der Koordinaten zu lösen.

Anmerkung zu S. 24: Den ersten Tag einer Offensive bezeichneten die amerikanischen Generäle <u>immer</u> als D-Day. Der bekannteste ist der Tag, an dem die Landung in der Normandie begann.

Die Flugroute meiner fiktiven Besatzung und ihrer Maschine verläuft über Birgel, den Friedhof und die Kirche in Rölsdorf, die Firmen Zimmermann & Jansen und Schoeller Textil, den Stadtpark, über die Häuser und Gärten zwischen der

Goethestraße und Aachener Straße, entlang der Weierstraße. Zielpunkt ist das alte Rathaus an der Ecke Weierstraße und Markt.

In dem Schriftwechsel zwischen dem Bomber Command und dem S.H.A.E.F. taucht als Zielangabe das Kürzel G.H.477 auf. Hierbei handelt es sich um die Dürener Metallwerke A.G.

Der von der Firma Avro hergestellte viermotorige Bomber des Typs 'Lancaster' benötigte sieben Mann Besatzung und wurde in drei Hauptmustern (Mk.I-III) ausgeliefert. Eine Spezialversion des Bombers wurde für Angriffe auf Talsperren gebaut und am 4. Dezember und 8. Dezember 1944 der Urft-Damm, am 5. Dezember 1944 der Rurseedamm "Schwammenauel" attackiert. Alle drei Angriffe waren ohne Erfolg.

Die Schwierigkeit beim Übersetzen der Berichte bestand in der Balance zwischen Wahrung der Aussage und einer Angleichung an eine flüssige heutige Lesart. Es war notwendig, an einigen Stellen etwas differenzierende Worte einzufügen. Der in den Berichten genannte Bahnhof umfaßt das Gelände zwischen Vorbahnhof und dem eigentlichen Bahnhofsgebäude. Der Zusatz "städtisch" erfolgte auf Grund der amerikanischen Bezeichnung "Town Marshalling Yard".

Dank

Bei den Recherchen zu diesem Buch haben mir sowohl Institute, als auch einzelne Personen geholfen, denen ich an dieser Stelle danken möchte. Namentlich aufzuführen sind:

in Deutschland: Herr Rudolf Hensch (Bonn) für das Korrekturlesen des Manuskriptes, Frau Mary Schäfer (Bonn) für die Übersetzung ins Englische, Herr Harry Küpper (Siegburg) für die Recherchen im Nationalarchiv Washington, Herr Hauptmann Spinner vom Amt für Militärisches Geowesen, Herr Gebhard Aders vom Stadtarchiv Porz, Herr Dr. Domsta und die Mitarbeiter des Stadtarchives Düren, Bundesarchiv-Militärarchiv in Freiburg, Herr Radermacher vom Landesamt für Agrarordnung in Düsseldorf, Herr Lemm vom Landesvermessungsamt in Bonn, der Kampfmittelräumdienst Aachen,

in England: Dr. G. Thomas (London) und die Mitarbeiter des Public Record Office, Mrs. Sheila Walton vom Luftbildarchiv in Keele, Mr. Harry Stunell (Dore/Sheffield), Mr. Denis Pybus (Sidmouth), Mr. Dennis Steiner (Peterborough), Mr. Ron Emeny (Hundleby), das Royal Air Force Museum, Hendon, das Ministry of Defense, die Lincolnshire Lancaster Association.

Besonderer Dank gilt dem Honerable Secretary der N° 153 Squadron Association, Mr. F.F.Fish aus Newquay, der mir mit sachlichen Hinweisen und Material seine Unterstützung zukommen ließ, sowie Mister Fred Panton vom Aviation Heritage Center in East Kirkby, Lincolnshire, der es mir ermöglichte, einer der wenigen existierenden Lancaster Bomber von außen und innen zu inspizieren.

Desgleichen danke ich Frau Dr. Doris Beaujean vom Verlag Mainz für ihre Hilfe und Unterstützung.

Dank gilt meiner Frau Brigitte, die mich ermutigte, in Krisen aufbaute und auf meine "Bodenständigkeit" achtete.

Jörg Pottkämper mit Mister Fred Panton

Literaturverzeichnis

1. Unveröffentlichte Quellen

Aktenklasse AIR 14, Akte 909 "Operation QUEEN", Schriftverkehr zwischen den Hauptquartieren, Bestand des Public Record Office, London

Aktenklasse AIR 25, Akte 15-PFN 696 (Anhang zur Akte AIR 25-614), Einsatzbefehl der 1.Bombardment Group für den 16.11.1944, Bestand des Public Record Office, London

Aktenklasse AIR 25, Akte 15-19552 (Anhang 615 zur Akte AIR 540), Einsatzbericht der 1.Bombardment Group vom 16.11.1944, Bestand des Public Record Office, London

Aktenklasse AIR 25, Akte 15-19552 (Anhang zur Akte AIR 540), Monatsheft der 1.Bombardment Group, Bestand des Public Record Office, London

Aktenklasse AIR 25, Akte 168-19552, B 2432, Einsatzbefehl der 8.Bombardment Group für den 16.11.1944, Bestand des Public Record Office, London

Aktenklasse AIR 25, Akte 168-19552, B 2434, Einsatzbefehl der 8.Bombardment Group für den 16.11.1944, Bestand des Public Record Office, London

Aktenklasse AIR 25, Akte 168-19552, B 2437, Einsatzbefehl der 8. Bombardment Group für den 17.11.1944, Bestand des Public Record Office, London

Pathfinder Force Magazine, Ausgabe November 1944, Zusammenfassung des Angriffes auf Düren und Jülich, Bestand des Public Record Office, London

No106 Squadron Operation Record Book, Summary of 16 November 1944, Bestand des Archivs der Squadron Association

No7 Squadron Operation Record Book, Summary of 16 November 1944, Bestand des Archivs der Squadron Association

Immediate Interpretation Report No. K.3367, Bestand des Nationalarchivs Washington

2. Unveröffentlichte Privatquellen
    Steiner, Dennis: Gothard King (unveröffentlichtes Manuskript)

3. Zeugenaussagen
    Flight Lieutenant Mr Norman L. Chesson (Bombenschütze)
    12. Squadron/1.Bombardment Group

    Mr Matt Gibson (Flugingenieur)
    61. Squadron/5.Bombardment Group

Flight Lieutenant Mr Stan Howard (Navigator)
100.Squadron/1.Bombardment Group

Mr William E. Winter (Funker)
106. Squadron/5.Bombardment Group

Mr H.J. Stunnel (Funker)
106. Squadron/5.Bombardment Group

Flight Officer Mr Denis Pybus (Navigator)
463. Squadron/5.Bombardment Group

Mr Jack Clemons (Flugingenieur)
467.Squadron/5.Bombardment Group

Flight Officer Mr Jim Cross (Pilot)
467. Squadron/5.Bombardment Group

Flight Officer Mr Dennis Steiner (Bombenschütze)
576. Squadron/1.Bombardment Group

Mr R.C. Turner (Funker)
625. Squadron/1.Bombardment Group

Flight Officer Mr L.F.Ovens, DFC (Pilot)
57. Squadron/5.Bombardment Group

Flight Sergeant Mr G.J.Mellefont (MG-Schütze)
630. Squadron/5.Bombardment Group

Flight Sergeant Mr Leo Goodwin (MG-Schütze)
103. Squadron/1.Bombardment Group

4. Sekundärliteratur

Beck, Earl R.: Under the Bombs, the German Homefront 1942- 1945, Kentucky 1986

Berglander, Götz: Dresden im Luftkrieg, Köln 1977

Craven, Wesley Frank; Cate, James Lea: The Army Air Force in World War II, Vol. I-III, Chicago 1951

Dollhoff, Josef; Baum, Karl-Josef: Düren - Aus der Geschichte einer alten Stadt, Köln 1985

Frankland, Noble; Webster, Sir Charles: The Strategic Air Offensive against Germany, London 1961

Hampe, Erich: Der zivile Luftschutz im Zweiten Weltkrieg Frankfurt/Main 1963

Hohenstein, Adolf, Trees, Wolfgang: Hölle im Hürtgenwald, Aachen 1981

Kramp, Hans: Rurfront 1944/45, Geilenkirchen 1981

Kurowski, Franz: Der Luftkrieg über Deutschland, Econ 1977

Laufenberg, Jakob von; Lennarz, Albert: Zeittafel zur Geschichte Dürens 748-1948, bearb. von Josef Geuenich und Heinrich Meyn, Düren 1948

Mainz, Alexander: Das alte Düren im Bild, 4. erw. Aufl., Aachen 1989

Mainz, Alexander: Zerstörung und Wiederaufbau Dürens im Bild, 4. Aufl., Aachen 1991

Mainz, Alexander: Ein bürgerliches Leben, Aachen 1979

Middelbrook, Martin: The Nuremberg Raid, London 1979

Middlebrook, Martin; Everitt, Chris, The Bomber Command War Diaries - A Operational Reference Book 1939-1945, London 1990

Public Record Office (Hrsg): The Second World War-A Guide to Documents in the Public Record Office, London 1972

Rumpf, Hans: Das war der Bombenkrieg, 1961

Schramm, Percy (Hrsg): Kriegstagebuch des Oberkommandos der Wehrmacht, Herrsching 1982

Statzner, Frank: Kriegsinferno in der Heimat, Düren 1985

Taylor, Eric: 1000 Bomber auf Köln - Operation Millenium 1942, Bindlach 1990

Thompson, R.W.: Die Schlacht um das Rheinland, Frauenfeld, 1960

Williams, Mary H.: United States Army in World War II - Special Studies, Chronology 1941-1945, Washington D.C. 1960

Whitaker, Denis und Shelagh: Endkampf am Rhein - Der Vormarsch der Westalliierten 1944/45, Berlin/Frankfurt-Main, 1991

5. Zeitungen und Zeitschriften
    Aircraft Profile N065 - Avro Lancaster I, Windsor 1982
    Kölner Nachrichten, Nummer 86 v. 9.Dez.1944
    Kölnische Zeitung, Nummer 309 v. 18.Nov.1944
                             Nummer 310 v. 19. Nov.1944
                              Nummer 318 v. 22. Nov.1944
                              Nummer 322 v. 3. Dez.1944
                              Nummer 334 v. 17. Dez.1944

6. Schriften, Monografien

    Hürtgenwald und Rurlandnot, Denkschrift der Landkreise Düren und Jülich, 1947

    Pilot's Note for Lancaster III, Air Ministry 1944

<u>Bildnachweis:</u>

Hinweis: Die Luftbilder des 16.11.44 werden veröffentlicht mit der Erlaubnis des britischen Verteidigungsministeriums. (Published with the permission of the Controller of Her Britannic Majesty´s Stationary Office. British Crown copyright 1994/MOD)

Luftbild S. 114: veröffentlicht mit freundlicher Genehmigung der Defence Intelligence Agency Washington D.C. U-5909 / TSP.

Die Bilder von den Besatzungen wurden dem Autor von den genannten Zeitzeugen freundlicherweise zur Verfügung gestellt.

Archiv Pottkämper: S. 21, 25, 44, 46, 52, 80, 87, 88, 113, 157

Published with the permission of the Keeper of the Department of Photographs, Imperial War Museum, London: Cover, S. 107, 117, 124

Kreismuseum Heinsberg: S. 126, 127 (Fotos: W. Scheid); 128; 129, 131 (Fotos: J. Heinrichs); 130; 132; 133; 134;

Stadtarchiv Jülich: S. 121

Hoeschmuseum: S. 47, 48

Bundesarchiv Koblenz: S. 50

Kreisbildstelle Düren: S. 49, 101, 102, 108, 115

Archiv Claassen: S. 118, 119, 120, 125

Stadtarchiv Düren: S. 116

Archiv Hartwig Neumann: S. 122, 123